LA ROUE À LIVRES

Collection dirigée

par

François Hartog

*Directeur d'études à l'École
des Hautes Études en Sciences Sociales*

Michel Casevitz

John Scheid

*Professeur de philologie grecque
à l'Université Lumière — Lyon 2*

*Directeur d'études à l'École Pratique
des Hautes Études*

DION CASSIUS

HISTOIRE ROMAINE

LIVRES 57-59

DION CASSIUS

HISTOIRE ROMAINE

LIVRES 57-59

(TIBÈRE-CALIGULA)

Traduit et annoté

par

JANICK AUBERGER

PARIS

LES BELLES LETTRES

1995

© 1995, Société d'édition Les Belles Lettres,
95 bd Raspail 75006 Paris.

ISBN : 2-251-33925-6
ISSN : 1150-4129

Introduction

Tibère et Caligula

Tibère et Caligula sont les successeurs d'Auguste, mais ils ne bénéficient ni l'un ni l'autre du prestige de celui qui a fondé le Principat : Tibère, « le plus sombre des hommes » selon Pline l'Ancien (*N.H.*, 28, 5), Empereur malgré lui, dissimulateur, aussi sévère qu'Auguste s'était montré chaleureux et près du peuple, devenu au fil des années tyrannique, puis vieillard lubrique cachant sur son rocher de Capri ses turpitudes et son visage ravagé ; Caligula, le jeune Prince fou et assassin, allant jusqu'à nommer son cheval consul, assoiffé de sang, volant de caprice en caprice, du théâtre au Cirque, et mort exécuté par ses proches qui ne pouvaient plus supporter ce monstre si peu digne de ses ascendants...

Pendant des années, nous sommes restés tributaires de ces images, transmises par les Anciens eux-mêmes, donc peu remises en question jusqu'à une époque relativement récente. Ce n'est bien sûr pas Dion Cassius, si tardif, qui fut l'historien le plus fameux de ces Empereurs ; le mythe est né chez les

historiens contemporains des Césars, les Aufidius
Bassus, Cluvius Rufus, Servilius Nonianus, Fabius
Rusticus dont il ne nous reste que de maigres cita-
tions chez Tacite et Suétone ; il est perceptible aussi
chez Pline, né sous le Principat de Tibère et friand
d'anecdotes sur, par exemple, les excentricités de
Caligula[1], capable aussi de phrases lapidaires qui
entérineront l'idée des Empereurs fous, comme
celle-ci : « Les deux Agrippine donnèrent respectivement naissance aux Empereurs Caligula et
Néron, tous deux fléaux du genre humain » (7, 6).
On pourrait citer aussi Philon d'Alexandrie, qui fit
partie de la délégation de Juifs venus à Rome
demander à Caligula de ne pas dresser de statue à
son image dans le temple de Jérusalem[2], ou
Sénèque, très mal disposé envers lui depuis que
Caligula avait moqué en 39 son style (« du ciment
sans chaux », avait-il dit) ; beaucoup d'auteurs
anciens parsèment leurs œuvres d'allusions à ces
Empereurs, mais il faut bien avouer que les œuvres
majeures les concernant restent celles de Tacite et
de Suétone, qui ont tous deux réuni tous les Césars
pour en faire une étude globale ; même si leurs
façons de les mettre en scène se présentent dif-
féremment, annalistique d'un côté, biographique
de l'autre, cette diversité même les rend complé-
mentaires et leur lecture reste indispensable.
    Il n'en reste pas moins que leurs textes sont

1. Voir par exemple 5, 2 ; 9, 58 ; 11, 54 ; 13, 4 ; 26, 2.
2. *Legatio ad Gaium* et quelques passages du *Contre Flaccus*. Philon
avait plus de soixante ans lors de sa mission et il gardera un très
mauvais souvenir de cet Empereur si jeune qui le fit attendre plusieurs mois.

sujets à caution : Tacite appartenait à l'ordre sénatorial et Suétone à l'ordre équestre, deux ordres
que le Principat a singulièrement dévalorisés, d'où
leur parti pris très défavorable, Tacite allant jusqu'à
dire que Tibère fut le grand responsable du déclin
de l'aristocratie ; il n'est pas indifférent non plus
que ces deux écrivains rédigent au début du
IIᵉ siècle, sous Trajan (Tacite) et Hadrien (Suétone) ; le contraste entre « l'âge d'or » des Anto-
nins et le siècle précédent gagne pour eux à être
bien mis en lumière, même si la vérité historique
oblige à dire que les excentricités des Empereurs
plus tardifs (Commode en particulier) n'eurent
rien à envier à celles de Caligula. D'autre part,
même si Tacite offre un bon fil conducteur pour le
Principat de Tibère, il présente des lacunes impor-
tantes, en particulier sur les années 29-31 qui ont
pourtant vu se dérouler des événements importants
(consulat de Tibère et Séjan, arrestation et mort de
ce dernier, poursuite de ses complices) ; et ses
Annales étant perdues de l'avènement de Caligula à
l'année 47, Tacite ne nous est d'aucune utilité pour
rétablir la chronologie du Principat de ce jeune
Prince. Suétone, de son côté, est plus bavard, et il a
été abondamment exploité par les historiens, mais
sa chronologie est sujette à caution tant il juxtapose
des faits en réalité bien séparés dans le temps. De
plus, sa vision des Princes n'a évidemment rien
d'objectif, dans sa volonté de juger et de classer les
Empereurs dans la catégorie des « bons » ou des
« mauvais » ; nul doute que la personnalité de Caligula lui a totalement échappé, son sens de
l'humour, sa dérision... Les études de nos sources
littéraires anciennes se succèdent depuis quelques

années[1] et permettent de mieux juger la validité de ces témoignages, mais les zones d'ombre et les ambiguïtés subsistent. Il n'est donc peut-être pas inutile d'interroger d'autres sources, et parmi elles l'historien Dion Cassius dont nous présentons ici les livres 57, 58 et 59 de son *Histoire Romaine*, qui recouvrent justement les règnes de Tibère (57 et 58) et Caligula (59) ; il peut arriver qu'il présente un éclairage légèrement différent sur tel ou tel aspect des personnages. Il se trouve par exemple qu'il ne dit absolument rien des perversions sexuelles de Tibère à Capri, alors que Tacite et Suétone les développent complaisamment ; est-ce à dire que Tacite et Suétone useraient des mêmes sources calomnieuses, les *Mémoires* d'Agrippine par exemple, et que Dion Cassius serait plus respectueux de la vérité[2] ? Pour mieux comprendre comment Dion Cassius a envisagé les biographies de Tibère et Caligula, pour mettre en lumière l'originalité de son approche, il faut situer l'homme dans son contexte politique, social et intellectuel, puisqu'il présente le grand intérêt d'avoir été à la

---

1. Par exemple E. Cizek, *Structure et idéologie dans les « Vies des douze Césars » de Suétone*, Paris, 1977 ; J. Gascou, *Suétone historien*, Paris, 1984 ; K. Bringmann, « Zur Tiberius biographie Suetons », *Rheinisches Museum*, 114, 1971, p. 268-285 ; J. Ektor, « L'impassibilité et l'objectivité de Suétone », *Les Études Classiques*, 48, 1980, p. 317-326 ; P. Fabia et P. Wuilleumier, *Tacite, l'homme et l'œuvre*, Paris, 1949 ; R. Syme, *Tacitus*, Oxford, 1958 ; H. Heubner, *P.Cornelius Tacitus ; die Historien*, Heidelberg, 1963 ; E. Kœstermann, *Cornelius Tacitus. Annalen*, Heidelberg, 1963-1968 ; J. Hellegouarc'h, « La figure de Tibère chez Tacite et Velleius Paterculus », *Mélanges P.Wuilleumier, Collection d'Études Latines*, 35, Paris, 1980 ; G.W. Clarke, « Seneca the younger under Caligula », *Latomus*, 24, 1965, p. 62-69 ; P. Grimal, *Sénèque ou la conscience de l'empire*, Paris, 1978.
2. E. Kornemann, *Tibère*, Paris, 1962, p. 246-247.

fois originaire d'Asie Mineure, sénateur romain, écrivain grec et historien de Rome.

Dion Cassius

Dion Cassius est né à Nicée en Bithynie, au nord de l'Asie Mineure, devenue province romaine en 74 avant J.-C., grâce à un legs de son dernier roi. Elle devint ensuite province sénatoriale (en 27 avant J.-C., grâce à Auguste), et province impériale en 135 après J.-C. Les deux principales cités de cette région, au demeurant très riche, sont Nicée, la ville de notre historien, et Nicomédie.

Dion est issu d'une famille aisée puisque son père est le sénateur, consul suffect (Marcus) Cassius Apronianus, vers 183-184 sous l'Empereur Commode ; il fut gouverneur de diverses provinces comme la Lycie-Pamphylie, la Cilicie et la Dalmatie ; son rang de sénateur lui assura sans doute un domicile à Rome et, peut-être, comme l'usage et même l'obligation s'en répandaient, des biens en Italie. La famille de Dion est donc une de ces familles de notables d'Asie dont la vie s'enrichissait de fréquents séjours à Rome et ailleurs en Italie, tout en préservant le mode de vie très grec de l'Orient, ce qui est un atout pour l'éducation du jeune homme. On ne sait pas précisément quand il est né, peut-être aux alentours de 164 ; il s'appelle (Claudius) Cassius Dio, sans qu'il faille ajouter ce Cocceianus qui l'a fait longtemps confondre avec Dion de Pruse[1], et il suit sans doute les leçons des

1. Voir A.M. Gowing, « Dio's name », *Class. Phil.*, 85, 1990, p. 49-54. Le *cognomen* Cocceianus l'a fait confondre avec le rhéteur, son compatriote et, peut-être, arrière grand-père Dion Chrysostome, de Pruse.

sophistes qui lui enseignent en Bithynie la rhétorique et la philosophie[1] ; il se peut qu'il soit parti
sur la côte d'Asie Mineure, comme d'autres étu-
diants de Bithynie, pour poursuivre son éducation à
Smyrne ou à Pergame, avant de parachever ses
études à Rome, où il accompagnait sans doute
souvent son père[2]. Formé à la rhétorique grecque,
connaisseur de la langue latine comme tous les fils
de l'élite qui se destinent à l'armée ou à l'administration, il manquait encore d'une formation en
droit romain, qu'il va acquérir sur place pour
devenir plus tard avocat : on le voit plaider contre
Dide Julien durant la fin du règne de Commode
(74, 12, 2).

Sa naissance dans une famille sénatoriale le desti-
nait à franchir toutes les étapes du *cursus honorum*,
ce qu'il fit en commençant par être questeur aux
alentours de 188, à Rome ou en Orient, rien
n'étant sûr. Il se trouve en tout cas à Rome à la fin
du règne de Commode, puis, sous Septime Sévère,
en 194 ou 195, il est préteur ; l'arrivée au pouvoir
de Septime Sévère l'amène à envoyer au nouvel
Empereur sa première œuvre, *Sur les rêves et présages*,
montrant que l'avènement de Septime Sévère avait
été annoncé de toutes parts, légitimant par là-
même son pouvoir ; cette œuvre flatteuse lui vaut
bien sûr l'estime de l'Empereur, une estime qu'il
s'attache à conserver en lui adressant en 197 le récit

1. Dion Cassius se veut un héritier de cette « deuxième sophistique » qui le pousse à n'utiliser que la langue attique classique.
Jouant de la *mimèsis* qui est à la base de cet « atticisme », il veut être
un disciple de Thucydide, et cette rhétorique sophistique est bien
visible dans son œuvre.
2. Il s'y trouve par exemple en 180 lors de l'arrivée de Commode
(72, 4, 2).

des *Guerres Civiles* qui ont justement permis à l'Empereur d'accéder au trône ; il est probable que, dès cette époque, il s'attache à rassembler la documentation dont il aura besoin pour son *Histoire Romaine*. Au cours des années suivantes, on perd quelque peu sa trace, mais il est possible qu'il ait obtenu une charge de gouverneur de province, et il revient à Rome en tant que consul suffect vers 205-206, même si les questions relatives à cet hypothétique consulat restent largement posées.

C'est probablement à cette époque qu'il commence à rédiger son œuvre maîtresse, conçue à la suite d'une lettre de félicitations de Septime Sévère et d'un songe, où une divinité très socratique l'encourageait à écrire une histoire depuis les origines de Rome jusqu'à son époque[1]. Cette entreprise l'occupera jusqu'à sa mort. Parallèlement à cette vocation d'historien, il continue à vivre la vie d'un haut fonctionnaire, voire d'un homme politique, même si son action en tant que tel reste très discrète. Il est *amicus principis*, membre du *consilium*, participe au cercle de Julia Domna, l'épouse de Septime Sévère qui attire dans son salon de nombreux sophistes et hommes de lettres. Après l'avènement de Caracalla, en 211, il rejoint la cour à Nicomédie, dans son propre pays. Revenu à Rome en 215, il y assiste à la prise du pouvoir par Macrin en 217.

---

1. « La divinité me demanda d'écrire l'histoire » (73, 23, 2) ; là aussi, la chronologie est fluctuante : certains pensent que la rédaction s'est étalée entre 204 et 219, d'autres entre 222 et 234, année possible de sa mort ; voir *R.E. sv* Cassius Dio ; E. Gabba, « Sulla storia romana di Cassio Dione », *R.S.I.*, 67, 1955, p. 289-333 ; F. Millar, *A Study of Cassius Dio*, Oxford, 1964 ; T.D. Barnes, « The composition of Cassius Dio's roman history », *Phœnix*, XXXVIII, 1984, p. 240-255.

Entre 206 et 218, il semble n'avoir plus occupé
de charges officielles. Certains y ont vu une disgrâce, dans la mesure où les plus acerbes de ses
critiques du pouvoir impérial datent de cette
époque ; mais d'autres n'y voient que sa volonté de
se consacrer entièrement à son *Histoire Romaine.*

En 218 Dion repart pour l'Asie, à Nicée, curateur
à Pergame et à Smyrne jusqu'en 221 (mort d'Héliogabale), puis, peut-être, en Afrique, pour y être
proconsul, vers 222. Là encore, la question de son
proconsulat en Afrique, comme celle de son consulat en 205-206, est loin d'être réglée ; proconsul ?
légat seulement[1] ? Toujours est-il que le nouvel
Empereur Sévère Alexandre a toute confiance en
lui puisqu'il lui confie une mission en Dalmatie
(vers 223/225), puis en Pannonie Supérieure (vers
226/229), pour calmer les soldats qui fomentent
émeute sur émeute. Il se retrouve consul ordinaire
en 229, partageant sa charge avec Sévère Alexandre
lui-même : c'est dire s'il plaît à l'Empereur. Son
extrême sévérité lui vaut néanmoins quelques
solides haines qui l'obligent à séjourner hors de
Rome, en Campanie, dans les propriétés impériales
pendant quelque temps[2]. Est-ce la déception ou la
maladie ? Dion choisit de se retirer à Nicée pour se
consacrer, dit-il, à son œuvre historique ; il meurt
vraisemblablement aux alentours de 234.

Ce bref survol de sa vie, malgré les incertitudes

1. D'après les recherches actuelles, il était bien proconsul ; voir
P. M.M. Leunissen, *Konsuln und Konsulare in der Zeit von Commodus bis
Severus Alexander (180-235 n.Chr.). Prosopographische Untersuchungen zur
senatorischen Elite im römischen Kaiserreich,* Amsterdam, 1989, p. 219.
2. Voir le livre 80 (5, 1) sur l'affaire d'Ulpien et ses conséquences
pour Dion Cassius.

chronologiques, suffit à faire de Dion Cassius un brillant fonctionnaire au service de six Empereurs successifs ; jusqu'à Sévère Alexandre, il fait partie du groupe des sénateurs, appartient au *consilium principis*, au titre de *comes* ou même d'*amicus* ; la faveur dont il jouit se renforce encore sous Sévère Alexandre, avec un proconsulat en Afrique, deux missions en Dalmatie et Pannonie, et un deuxième consulat, ordinaire, avec l'Empereur. Même si son action politique est quasiment invisible, sa présence constante aux côtés des Empereurs laisse imaginer sa droiture et sa sagesse appréciées par les gouvernements successifs. Sa discrétion politique rejoint d'ailleurs celle des autres historiens sénateurs, celles d'un Tacite ou d'un Salluste par exemple, et n'a rien de choquant.

Son œuvre

Si l'on excepte ses deux premiers ouvrages envoyés à Septime Sévère (*Sur les rêves et présages*, et les *Guerres Civiles*), et quelques œuvres incertaines et disparues depuis[1], Dion Cassius est avant tout l'auteur d'une *Histoire Romaine*, une histoire universelle de Rome qui voit le jour, selon ses propres mots, après dix ans de documentation (73, 23, 5). La composition en huit décades répond peut-être à sa volonté ; l'histoire de Rome jusqu'à Actium couvrait les cinquante premiers livres, et les trente derniers traitaient des 250 années de l'Empire, jusqu'à la mort d'Héliogabale. En bon annaliste,

---

1. Doit-on, comme E. Gabba, lui attribuer une biographie d'Arrien de Nicomédie ? Voir E. Gabba, « Storici greci dell'impero romano da Augusto ai Severi », *R.S.I.*, 71, 1959, p. 361-381.

Dion Cassius aimait donner au début de ses livres un résumé (mais est-il de lui ?), mais surtout une datation, avec les consuls correspondants. Il faut cependant souligner qu'en abordant l'Empire, Dion abandonne quelque peu la méthode de l'annaliste pour se transformer en biographe : le découpage par Empereur et non par année se fait de plus en plus visible, ce qui nous permet d'ailleurs de présenter le règne de Tibère en deux livres (57 et 58), et celui de Caligula en un livre (59). Dion Cassius a bien sûr beaucoup lu : il dit lui-même avoir lu presque tout ce qui a été écrit sur l'histoire de Rome (1, 1, 2) ; mais il ne faut pas attendre de lui plus que de ses collègues : il ne cite jamais ses sources, se contentant des formules que tout lecteur des historiens anciens lit avec un peu d'amusement et d'irritation (« on dit que... », « j'ai entendu dire que... », etc.).

Rappelons que le texte de Dion Cassius ne nous est pas parvenu *in extenso*. Nous sommes redevables à deux érudits byzantins qui ont résumé l'œuvre de Dion Cassius : encore faut-il préciser que les livres 57-59 ne sont pas les plus lacunaires. Ce sont surtout les livres 1 à 36, et 60 à 80 qui n'ont survécu que grâce à eux. Dans la mesure où ces deux Byzantins apparaissent en cours de route, il convient d'en dire quelques mots. L'un, Jean Xiphilin, écrivait au XIᵉ siècle et a composé une œuvre dont le titre est important : *Résumé de l'histoire de Dion de Nicée qu'a composé Jean Xiphilin, comprenant les règnes des vingt-cinq Césars depuis Pompée jusqu'à Alexandre, fils de Mammœa* ; l'autre s'appelle Jean Zonaras et a composé au XIIᵉ siècle une *Histoire Universelle* qui s'appuie aussi sur Dion. Comme nous nous sommes

fondée sur l'édition de U.P. Boissevain[1], le lecteur
trouvera également des passages de Pierre le
Patrice (vi[e] siècle) et de Jean d'Antioche (un Père
de l'Église du ve siècle), mais l'essentiel des livres
reste l'œuvre de Dion.

Reste à définir l'approche de Dion Cassius par
rapport à cette Rome dont il écrit l'histoire. Préciser sa position permettra de mieux juger les informations qu'il donne, ses jugements sur les Empereurs, sur le Sénat, sur les excès du pouvoir
impérial. La réputation de Dion n'est guère
enviable et les diverses Histoires de la littérature
grecque ne sont pas tendres avec lui[2] ; il revient au
lecteur de juger si cet auteur mérite une sorte de
réhabilitation, démarche déjà tentée par plusieurs
dont M. Reinhold[3] et, encore récemment, par
M.-L. Freyburger et J.-M. Roddaz, dans l'introduc-
tion de l'édition des livres 50-51[4].

Dion Cassius, nous l'avons vu, était sénateur ; il
n'est pas le seul sénateur-historien de l'histoire
romaine, mais sa naissance grecque et orientale lui
donne une place assez particulière. Sa position n'a
rien d'exceptionnel à son époque : à l'époque des
Sévères, les provinciaux représentent largement la

---

1. *Cassius Dio*, Berlin, 1895-1901, 5 volumes ; les livres 57-59 se
trouvent dans le deuxième volume.

2. Voir A. et M. Croiset, *Histoire de la littérature grecque*, Paris, 1901,
p. 806-813 ; F. S. Wright, *A history of later greek literature*, Londres,
1951, p. 308-311 ; A. Lesky, *Geschichte der griechischen Literatur*, Berne-
Munich, 1957, p. 904-907 ; *Cambridge History of Classical Literature*,
Cambridge, 1985, I, p. 710-713 ; les quelques pages qui lui sont
consacrées font souvent référence à son manque de talent et à ses
idées d'un autre âge.

3. « In praise of Cassius Dio », *Ant. Class.*, LV, 1986, p. 213-222.

4. *Histoire Romaine de Dion Cassius*, livres 50-51, Les Belles Lettres
(CUF), Paris, 1993.

moitié des effectifs sénatoriaux, et parmi eux, les Orientaux sont majoritaires. Le temps de leur mauvaise réputation est bien passé, car dès Néron des Orientaux entrent au Sénat, tendance qui ne fera que s'amplifier après lui. Sous Marc-Aurèle, le père de Dion entre au Sénat avec quinze autres Orientaux et, parmi eux, Arrien de Nicomédie. La situation de Dion n'est donc pas exceptionnelle, elle reste cependant originale par rapport aux Salluste ou Tacite qui, eux, étaient des Latins. Son origine grecque ne l'a, pourtant, pas empêché d'être très présent à Rome où il réside pendant de longues périodes, par exemple entre 180 et 197, ou entre 202 et 211.

Mais on peut être grec de langue et de formation, et romain politiquement. On a souligné la distance prise par Dion quand il mentionne les hostilités entre Nicée et Nicomédie, qui le touchent pourtant de près. En fait, il est le représentant parfait de l'élite impériale romaine, qu'elle soit de langue latine, grecque, araméenne ou punique, dont les individus les plus brillants sont appelés à gérer les magistratures de Rome et à entrer parmi les six cents membres du Sénat. Jusqu'à sa retraite et son retour dans son pays natal, il remplit scrupuleusement sa charge sénatoriale. C'est pourquoi sa position est originale par rapport à d'autres historiens grecs de l'histoire romaine : c'est un homme totalement impliqué dans la vie romaine, qui n'en a pas moins une solide formation grecque.

Nous n'irons pas jusqu'à dire que le style de Dion Cassius tient du génie ; est-il prisonnier de cet « atticisme » de la deuxième sophistique qu'il veut absolument illustrer ? Son style ne brille pas par son originalité, ce qui ne veut pas dire qu'il est un mauvais écrivain : on a parfois souligné à quel point Dion cherche à imiter Thucydide ou Démosthène[1], il est un homme cultivé et sa langue est claire et correcte. Il a même parfois de très jolies trouvailles, des phrases pleines d'humour, lapidaires, imagées, qui en quelques mots frappent le lecteur et sont bien plus efficaces que de longs discours ; nous en citerons quelques-unes pour le plaisir de montrer les bons mots d'un auteur dont on a pu dire un peu trop vite que son style était sans intérêt :

— 59, 17, devant la démesure de Caligula qui organise de nuit un immense festin illuminé par de multiples torches sur le gigantesque pont qu'il a jeté entre Puteoli et Baulæ, Dion résume sa folie par cette phrase lapidaire : « il voulait faire de *la nuit le jour*, comme de *la mer la terre* » (*kai gar tèn nukta hèmeran, hôsper pou tèn thalassan gèn, poièsai èthelèsen.*) Choc des mots qui est le bienvenu ici, pour illustrer la folie d'un homme qui vivait à l'envers et ne faisait rien de ce qu'on attendait d'un homme sensé.

— 59, 30, lors de la mort de Caligula, l'éloge funèbre de Dion est plein d'humour ; là encore, par une phrase très courte, il dégonfle la baudruche qui vient de se faire assassiner : « Caius agit ainsi pendant trois ans, neuf mois et vingt-huit jours ; *et il apprit par expérience qu'il n'était pas un dieu.* » C'est la

---

1. F. Kyhnitzsch, *De contionibus quas Cassius Dio historiæ suæ intexit cum Thucydideis comparatis*, Leipzig, 1894 ; E. Litsch, *De Cassio Dione imitatore Thucydidis*, Fribourg, 1893 ; G. Monaco, « Un eco di Plutarco in Cassio Dione », *Miscellanea di Studi Class. in onore di E. Manni*, V, Rome, 1980, p. 1555-1559 ; V. P. Vlachos, « Demosthenes und Dio », *Class. Rev.*, 19, 1905.

grenouille de La Fontaine qui éclate d'avoir voulu
se faire aussi grosse que le bœuf, l'excès de Caligula, sa démesure, sa volonté de se déguiser en
divinité sont réduits à néant en quelques secondes
par quelques coups de couteau. Même si ce passage
est rapporté par d'autres, en l'occurrence Xiphilin,
Zonaras et Jean d'Antioche, il y a de fortes chances
pour que la formule soit de Dion ; formule qui a
plu puisque ses lecteurs l'ont reprise...

Deux exemples parmi d'autres de ce talent qu'a
Dion Cassius de trouver la formule courte qui fera
sourire le lecteur, talent de nouvelliste, dirait-on à
présent ; on pourrait en trouver d'autres, comme la
phrase qui se moque de Vibius Rufus, assis trop
souvent sur le siège de César et amant de la femme
de Cicéron :

— 57, 15, 6, il est « tout fier de devenir à la fois
orateur grâce à la femme de Cicéron et César grâce
au fauteuil ».

Ou, dans un autre registre, la formule qui met
bien en valeur la situation tragique de Séjan,
lorsque le peuple foule aux pieds les images et les
statues du favori déchu : « Toutes ses images, ils les
mirent à terre, les frappèrent, les traînèrent comme
s'il s'agissait de l'homme lui-même ; *et il devint ainsi
le spectateur de ce qui l'attendait* » (58, 11, 3). Scène de
miroir, de mise en abîme qu'un cinéaste exploite-
rait aujourd'hui avec grand plaisir...

Cet art de la formule renouvelle un peu la vision
qu'on a eue de lui depuis l'Antiquité, lorsqu'on suit
de trop près Photius, par exemple, quand il juge
son style ainsi : « Dans son style, il a une tendance à
la grandeur et à l'emphase parce qu'il développe
des pensées relatives à de grands événements. Son

langage est plein de tours syntaxiques anciens et de mots appropriés au sujet par leur grandeur » (*Bibliothèque*, 71). Ce jugement n'est pas faux ; encore faut-il le compléter en précisant qu'il ne se limite pas à l'emphase et qu'il sait, par son style (et là ressort sa formation grecque !), jeter une lumière tour à tour épique ou dérisoire sur les comédies de la vie.

Dion Cassius n'est pas neutre, et même s'il n'a pas de thèse à défendre, on sent qu'il s'intéresse à l'histoire de ce pays qu'il considère comme le sien ; totalement impliqué dans la vie administrative, voire politique de son temps, il juge le passé comme une leçon, comme un avertissement : « Plus jamais ça ! », dit-il lorsque Séjan, après avoir été adulé par le peuple tout entier, est foulé aux pieds par la furie populaire. On le sent très ému, choqué même, quand il raconte la chute de cet homme : « Il faut vraiment avoir été le témoin d'une telle déchéance humaine pour que cela ne puisse plus jamais se reproduire nulle part » (58, 11, 1). Et il rédige de longs paragraphes condamnant la versatilité des hommes, des sénateurs en particulier, les grands responsables de la mort de Séjan. Pour bien montrer le scandale, les phrases se suivent, toutes construites sur le même modèle : « Cet homme que tous au petit matin escortaient (...) ils le traînaient à présent en prison (...) cet homme qu'ils jugeaient digne de mille couronnes, ils l'entouraient à présent de chaînes ; lui qu'ils protégeaient comme un maître, ils le gardaient à présent comme un esclave fugitif... » (58, 11) ; il continue ainsi, reprenant certes une image bien connue, celle de la vie humaine ballottée, depuis Homère, par des vents contraires, mais en ajoutant à cette idée une condamnation bien personnelle de ces hommes qui, en fait, « fabriquent » les tyrans en donnant à des individus beaucoup trop de pouvoir : « Ainsi, contre cet homme qu'ils avaient conduit à sa perte par d'excessives flatteries et des honneurs encore inouïs, ils votèrent des manifestations insolites même pour les dieux. *Ils comprenaient bien clairement que c'était à cause d'eux qu'il avait perdu le sens des mesures*, au point qu'ils interdirent aussitôt très clairement d'accorder des honneurs excessifs à quiconque et de prêter serment en invoquant n'importe quel nom qui ne serait pas celui de l'Empereur (58, 12) ». Cette idée que les sénateurs ne jouent pas le rôle qui devrait être le leur, qu'ils favorisent la flatterie, la tyrannie, la démesure, la folie, est reprise au début du livre 59, lorsque le jeune Caligula s'adresse sévèrement aux sénateurs, les tenant pour responsables des excès de Tibère : « Si Tibère a mal agi, vous n'aviez pas à le vénérer de son vivant ; vous ne deviez pas non plus, par Jupiter, changer d'avis sur ce que vous aviez souvent dit et voté. C'est vous qui vous êtes conduits de façon insensée à son égard, c'est vous qui avez tué Séjan en le gonflant et en le pervertissant ; d'ailleurs de vous, je n'ai rien à attendre de bon » (59, 16). Est-ce Caligula ou Dion qui parle dans ces lignes ? Quoi qu'il en soit, leurs idées se rejoignent à ce moment-là, et le jeune Empereur n'a jamais été aussi sensé que quand il exprime son dégoût devant la veulerie criminelle des sénateurs trop lâches pour tenir leur rang.

Revenons rapidement sur les suites de la mort de Séjan : les sénateurs ont compris qu'ils avaient eux-mêmes transformé cet homme en despote à abattre et ils votent de bonnes mesures pour éviter de tels excès ; ont-ils vraiment compris la leçon ? « *Néanmoins, malgré des décisions votées comme sous l'influence d'une divinité, ils entreprirent peu de temps après de flatter Macro et Laco.* Ils leur accordèrent beaucoup de cadeaux et d'honneurs (...). Mais les deux hommes refusèrent ces honneurs ; car l'expérience encore toute fraîche les bouleversait. De même Tibère n'acceptait rien,... » (58, 12). Incorrigibles ? Le Sénat est un fruit pourri de l'intérieur, les sénateurs sont condamnés à répéter tout le temps les mêmes erreurs, voués à faire leur propre malheur, puisqu'ils favorisent les tyrans qui les abattront, allant sans cesse au-devant des ennuis, puisqu'ils transforment inexorablement les individus au pouvoir en souverains absolus ; Tibère, Séjan, Caligula sont des êtres que les sénateurs ont pervertis. Tacite bien sûr le disait déjà : « On raconte que Tibère, chaque fois qu'il sortait de la Curie, prononçait en grec des mots tels que : 'Ô hommes prêts à l'esclavage.' Ainsi, celui-là même qui refusait la liberté publique était écœuré d'un abaissement et d'une soumission aussi serviles » (*Annales*, 3, 65, 3).

Mais cette condamnation devient chez Dion un *leitmotiv,* car toutes les occasions sont bonnes pour rabaisser un corps qui n'est plus digne de sa tâche : « tout à fait ridicules » (*geloiotaton*) sont les mesures décidées quelque temps après par les sénateurs, « encore plus ridicule » (*geloioteron*) leur proposition suivante, de se transformer en gardes du corps de l'Empereur chaque fois qu'il entrerait au Sénat ; Tibère est moins stupide qu'eux : « il n'était pas naïf au point de donner des épées à ces hommes qu'il détestait et qui le détestaient », et il prend immédiatement une mesure bien faite pour les humilier : « Les sénateurs eux-mêmes approuvèrent cette décision » ; ils en rajoutent même dans la veulerie, renforçant encore le cercle vicieux qui fait que le pouvoir absolu du souverain entretient un climat de flatterie, mais que ces flagorneries elles-mêmes renforcent l'Empereur dans l'idée qu'il peut tout faire sans jamais rencontrer la moindre opposition. Et l'historien qui parle ainsi est sénateur lui-même ! Tout au long de la vie de Tibère et de Caligula, on a l'impression d'un potentiel gâché, de vies abîmées par les sénateurs, d'où la leçon que Dion Cassius en retire : le rôle du Sénat est et reste important ; pour avoir été lui-même, et jusqu'à un grand âge, dans l'entourage de six Empereurs successifs, il sait que les sénateurs ont un rôle qui n'est pas négligeable. Dans la mesure où l'humain ne change guère, il convient de toujours se souvenir du destin de Séjan, « pour que cela ne puisse plus se reproduire nulle part » ; même si les temps ont changé, Dion sait qu'il faut rester vigilant, et son *Histoire Romaine* est à lire dans cette optique : celle d'un Romain, Grec d'Asie certes, mais totalement conscient de l'histoire de son corps politique et de ses rapports, trop souvent ambigus, avec le souverain au pouvoir.

Ne serait-ce que pour cette vision, la lecture de Dion Cassius est intéressante et vient heureusement compléter les autres sources de l'histoire de Tibère et de Caligula.

Livre 57
Vie de Tibère

Le portrait de Tibère proposé par Dion Cassius n'est bien sûr qu'un portrait parmi d'autres de cet Empereur resté si énigmatique[1]*, mais si le chercheur moderne veut dessiner une sorte de portrait-robot du personnage, des traits bien spécifiques se dégagent, présents à la fois chez Tacite, Suétone et Dion Cassius ; la « nature bien particulière » dont parle Dion (57, 1) a toujours suscité maintes questions chez ses contemporains et, a fortiori, chez les historiens modernes ; Tacite insiste sur son « hypocrisie » (Annales, 6, 7), son goût pour la dissimulation, et Dion reprend ce thème : on y voit plutôt à présent de la méfiance, cette méfiance qui semble bien avoir été le moteur de toutes ses réactions. Cette méfiance, cette lenteur également qui le fait toujours longuement réfléchir avant de répondre, son attitude froide, son manque évident de charisme personnel, de spontanéité, contrastant avec l'attitude des bien-aimés de l'époque (Drusus et Germanicus en particulier, sans oublier Octave-Auguste lui-même) ont passé dès son époque pour de la dissimulation.

Ce jugement repose peut-être davantage sur l'incompréhension que sur la réalité. Même sa réticence devant

* Les notes sont à la fin du volume.

l'héritage du pouvoir est prise pour de la duplicité (57, 2, 3) ; pourtant, les conditions de cette transmission des pouvoirs montrent assez que Tibère avait quelques raisons de modérer son enthousiasme : rappelons d'abord qu'Auguste lui laissa le pouvoir d'assez mauvais gré, après avoir songé à plusieurs autres successeurs avant lui, dont ses petits-fils ; l'exil volontaire de Tibère à Rhodes, pendant plusieurs années (8 avant J.-C à 2 après J.-C) prouve également qu'il n'était guère à l'affût du trône. Il faut noter aussi que sa première éducation, reçue dans la maison de son père Tiberius Claudius Nero, prônait les valeurs républicaines guère compatibles avec le pouvoir installé par Auguste. Mais toutes ses hésitations, sans doute sincères, furent mises sur le compte de son hypocrisie (Tacite, Annales, 10, 2 ; Suétone, 26) ; seul Velleius Paterculus (2, 124, 1-3) voit de la modestie dans son refus. Ajoutons que la transmission des pouvoirs ne se faisait pas de jure, que le régime républicain pouvait encore être restauré ; soulignons également qu'Auguste avait gouverné avec toute sa domesticité, et que Tibère dépendait au début du bon vouloir de Livie, héritière, et de Sallustius Crispus qui détenaient tous les deux les papiers du mort et même la caisse privée d'Auguste. Son pouvoir fut ainsi réellement limité pendant plusieurs mois. Tous ces détails tendent à montrer que Tibère avait malgré tout de bonnes raisons de reculer devant les responsabilités suprêmes ; plus simplement, il pouvait estimer que cette charge n'était pas faite pour lui, que ce soit à cause de son âge (57, 2, 4) ou de ses goûts personnels, et le fait est que Séjan viendra à point pour l'en libérer. Dion a tendance à reprendre cette idée de l'hypocrisie de Tibère, allant jusqu'à lui imputer des traits qui renverraient plus sûrement à Octave-Auguste qu'à son successeur : « lorsqu'il voyait les gens mal disposés envers lui, il attendait (...), les laissant dans l'espoir qu'il aban-

donnerait volontairement le pouvoir ; et ce jusqu'à ce qu'il soit parfaitement maître de tout » (57, 3, 4) ; voilà bien une attitude où Auguste, dans son extrême prudence et sa grande habileté, excellait plus que Tibère. Ses hésitations, son attentisme, son impossibilité à prendre une décision rapidement ne feront que s'aggraver avec le temps, à mesure d'ailleurs que son antagonisme avec le Sénat ira croissant (57, 3, 3).

Nous avons parlé de ses goûts personnels, qui ne s'accordaient peut-être pas avec l'exercice du pouvoir : son séjour à Rhodes le vit suivre les leçons des rhéteurs, grammairiens, philosophes, dont Théodore de Gadara, et ce pendant plusieurs années. Les auteurs sont unanimes à ce sujet : Tibère aimait l'étude, la langue grecque, la philosophie, et Dion le rappelle dès ses premières lignes : « il était nanti d'une bonne éducation » (57, 1, 1). Philon d'Alexandrie va jusqu'au superlatif : « il n'y avait pas plus sensé ni plus instruit que lui dans la jeunesse de son temps » (Leg. 142), et Suétone renchérit (Tibère, 70, 1), ainsi que Velleius Paterculus (2, 94, 1). Il faut se souvenir de cette culture lorsque Dion rapporte l'anecdote selon laquelle Tibère interdit un jour « d'inscrire dans le décret le mot 'emblème', considéré comme un mot grec » (57, 15, 2), ou chaque fois qu'il mentionne le souci de l'Empereur d'utiliser les mots latins (57, 17, 1-4) : Tibère n'était pas pour cela un adversaire de la langue grecque, au contraire ; peut-être les remous actuels autour de la langue française nous font mieux comprendre les exigences de l'Empereur face à la langue latine et sa volonté de toujours trouver le « mot juste » en latin, même s'il maîtrise et admire par ailleurs la culture grecque, suivant là d'ailleurs l'exemple de son père adoptif Auguste.

Ce séjour à Rhodes fut important à plus d'un titre : d'abord parce qu'il permit à Tibère d'approfondir sa culture, ensuite parce qu'il vit naître des conflits qui

auront plus tard de lourdes conséquences ; Dion mentionne la querelle qui opposa l'Empereur à Archelaüs, roi
de Cappadoce (57, 17, 3-7), et il n'est peut-être pas inutile
de rappeler que ce conflit remonte à ce vieux séjour sur l'île
de Rhodes ; après cinq ans de vie paisible vouée à la
grammaire et la philosophie, Tibère avait vu sa situation
se dégrader considérablement : Caius, le Prince de la jeunesse, successeur choisi par Auguste, était très mal disposé
à son égard lorsqu'il vint en Orient, influencé sans doute
par son conseiller Marcus Lollius qui avait été longtemps
auparavant gouverneur (incompétent) en Gaule et avait
eu alors maille à partir avec Tibère ; à la suite de cette
visite glaciale de Caius, Tibère était devenu un homme
traqué, dont l'amitié pouvait devenir dangereuse, d'où
l'attitude alors distante d'Archelaüs et…la rancune de
Tibère devenu Empereur, bien des années après…

Méfiant et rancunier, Tibère n'était par ailleurs pas
bien soutenu par son entourage : ses conflits avec sa mère,
avec son fils, l'hostilité de la famille de Germanicus, la
trahison de Séjan qu'il considérait comme son ami le plus
cher, les veuleries des sénateurs, toutes ces déceptions ne
pouvaient améliorer son caractère et lui redonner
confiance en l'humanité. Dion rejette sur sa mère, Livie,
la responsabilité de son départ définitif à Capri : « elle
n'est pas la moindre cause de ses séjours à Capri » (57,
12, 6) ; il est vrai que cette opposition mère-fils s'est
exacerbée avec le temps : Livie devenait de plus en plus
exigeante, se vengeant des refus de son fils par des repré-
sailles mesquines, et le fait est que Tibère ne verra plus sa
mère une seule fois pendant les trois dernières années de sa
vie. Mais il avait déjà soixante-sept ans lors de son
départ, le caractère difficile de ses relations avec sa mère ne
peut être la seule cause de sa tardive décision. Quant à ses
conflits avec son fils Drusus, Dion y voit aussi, avec

raison sans doute, une incompatibilité entre les caractères du père et du fils (57, 13, 1) : Drusus aimait les plaisirs, les jeux du Cirque, les fêtes, les raffinements culinaires de son ami Apicius ; le peuple l'aimait d'ailleurs beaucoup pour ce caractère enjoué et jouisseur, si différent de la froideur de son père. Et son goût pour les combats de gladiateurs, pour le sang, son penchant prononcé pour le luxe et la cruauté ne pouvaient que déplaire à son père qui voyait en lui son héritier.

Mal entouré, mal compris, Tibère verra chacun de ses gestes et chacune de ses réactions mal interprétés : Dion mentionne à juste titre que l'attitude de Tibère changea considérablement à la mort de Germanicus (57, 13, 6), mais sans en distinguer peut-être les vraies raisons ; là encore, Dion soupçonne l'hypocrisie d'un Empereur qui se retint et cacha sa vraie nature tant que son rival Germanicus vécut ; en fait la mort de Germanicus, adoré du peuple, suscita la colère contre l'Empereur, considéré, à tort sans doute, comme son assassin ; la relation de confiance, très laborieusement installée entre Tibère et son peuple, restée très fragile, se vit définitivement compromise par cet événement et l'Empereur se retrouva de plus en plus seul, en butte désormais à la haine de la famille du défunt, sa veuve Agrippine en particulier. Son caractère méfiant faisant le reste, son comportement deviendra de plus en plus paranoïaque et violent, répondant à la sourde hostilité par l'agressivité et l'autoritarisme.

La dernière rupture sera bien évidemment causée par l'arrestation et l'exécution de Séjan en qui Tibère avait eu, un temps, toute confiance. La brutalité de l'épuration fut à la mesure de la déception de l'Empereur : l'année 32 se passa à poursuivre, à Rome, tous ceux qui avaient été des amis, vrais ou faux, de Séjan. Véritable purge qui frappa à l'aveuglette et tua de vrais coupables comme Latinus

Latiaris, le délateur à la solde de Séjan, mais aussi des victimes innocentes de rancœurs privées ; période de terreur où ex-consuls, gouverneurs de province, chevaliers, hommes et femmes figurent indistinctement sur la liste de proscrits. Le témoignage de Dion Cassius est alors capital, d'autant plus précieux que l'historien soigne particulièrement ses effets, visiblement scandalisé par la façon dont le système romain et la veulerie des sénateurs ont tour à tour permis l'ascension sociale et la brutale déchéance de ce chevalier parvenu[2]. Là encore, on a l'impression que l'entourage de l'Empereur est davantage responsable que Tibère lui-même...

Ce crescendo dans la cruauté est bien souligné par Dion Cassius, et l'Empereur est bien, à la fin de sa vie, le tyran qui ne songe qu'exécutions sommaires et tortures sanglantes. On ne s'en étonnera pas : les successeurs de Tibère font tous partie de la famille de Germanicus, la « victime » du tyran ; nul doute qu'ils avaient intérêt à propager l'image du monstre dépravé, le tortionnaire de Capri. Notre historien est donc l'héritier d'une longue tradition. Reste que Dion, s'il insiste sur la cruauté du monarque vieillissant, ne reprend par ailleurs nullement les poncifs sur les perversités sexuelles telles que Suétone, par exemple, les décrit complaisamment. D'où la grande utilité de son texte, qui permet d'équilibrer çà et là quelques outrances et contribue à dessiner un portrait qui reste certes flou et un peu mystérieux, mais peut-être plus nuancé que celui qui avait été brossé par ses illustres prédécesseurs.

À la fois soucieux de se faire accepter et sans complaisance à l'égard du peuple[3], tour à tour avare et généreux[4], Tibère apparaît avant tout comme un être mal à l'aise dans ses fonctions, doutant dès le début de sa réussite et de plus en plus replié sur lui-même et ses déceptions...

Le lecteur trouvera chez Tacite, Suétone et Velleius

Paterculus de quoi compléter le portrait de Dion ; nous renvoyons pour cela aux éditions des Belles Lettres en indiquant les livres concernés :
    Tacite, Annales, *livres 1-6.*
    Suétone, Vie des douze Césars, *voir la* Vie de Tibère.
    Velleius Paterculus, Histoire Romaine, *1-2.*
    *On trouve aussi chez Sénèque (*De Beneficiis — Consolation à Marcia*), chez Pline, Flavius Josèphe, Philon d'Alexandrie des anecdotes qui viennent compléter le portrait (voir Bibliographie).*

Sommaire

Ce qui suit se trouve dans le livre **57** de l'*Histoire Romaine* de Dion Cassius :
a. Sur Tibère (**1**)
b. Comment la Cappadoce tomba sous domination romaine (**17**)
c. Comment mourut Germanicus César (**18**)
d. Comment mourut Drusus César (**22**).

Recouvre une durée de onze années, pendant lesquelles on compta les magistrats ci-dessous :

Drusus César, fils de Tibère,
Caius Norbanus Flaccus, fils de Caius, [15 après J.-C.]

Titus Statilius Sisenna Taurus, fils de Titus,
Lucius Scribonius Libo, fils de Lucius, [16]

Caius Cæcilius Nepos ou Rufus, fils de Caius,
Lucius Pomponius Flaccus, fils de Lucius, [17]

Tibère César, fils d'Auguste (pour la IIIe fois),
Germanicus César, fils de Tibère (pour la IIe fois), [18]

Marcus Junius Silanus, fils de Marcus,
Caius Norbanus Flaccus ou Balbus, fils de Caius, [19]

Marcus Valerius Messala, fils de Marcus,
Marcus Aurelius Cotta, fils de Marcus, [20]

Tibère César, fils d'Auguste (pour la IVe fois),
Drusus Julius, fils de Tibère (pour la IIe fois), [21]

Decimus Haterius Agrippa, fils de Kæso,
Caius Sulpicius Galba, fils de Sergius, [22]

Caius Asinius Pollio, fils de Caius,
Caius Antistius Vetus, fils de Caius, [23]

Sergius Cornelius Kethegus, fils de Sergius,
Gaius Visellius Varro, fils de Caius, [24]

Marcus Asinius Agrippa, fils de Caius,
Cossus Cornelius, fils de Cossus Lentulus. [25]

(1) (1) Tels furent les événements sous Auguste ; Tibère de son côté était certes d'origine patricienne et nanti d'une bonne éducation, mais il était aussi doté d'une nature bien particulière. Il feignait de ne pas désirer ce qu'il désirait, et il ne souhaitait pour ainsi dire rien de ce qu'il paraissait souhaiter ; tenant au contraire des propos tout à fait opposés à ses choix profonds, il niait tout ce à quoi il aspirait, et mettait en avant tout ce qu'il détestait. Il se fâchait contre ce dont il n'avait cure et se montrait bien disposé à l'égard de ce qui l'irritait fort. (2) Il s'apitoyait sur ceux qu'il châtiait durement et traitait mal ceux qu'il absolvait. Son pire ennemi, il le regardait parfois comme son compagnon le plus intime, et son meilleur ami il le traitait en parfait étranger. En bref, il jugeait que dévoiler ses pensées seyait mal à son autorité. Car de là s'ensuivaient beaucoup de cuisants échecs, disait-il, tandis que l'attitude inverse garantissait des succès bien plus nombreux et profitables. (3) Or si la situation avait été constante, il eût été sans risque pour ceux qui venaient l'aborder : car ils pouvaient inverser toutes leurs interprétations, jugeant que lorsqu'il ne désirait pas un objet, c'est qu'en fait il en avait grande envie, et tout pareillement qu'il se passionnait pour ce dont il n'avait cure. En réalité il s'emportait contre quiconque le perçait à jour, et il exécuta beaucoup de gens à qui il n'avait rien à reprocher sinon d'être entrés dans ses pensées[5]. (4) Si bien qu'il était certes dangereux de n'être pas conscient de ce qu'il était (car souvent les gens approuvaient ce qu'il disait, au lieu d'approuver ce qu'il voulait, d'où leur disgrâce), mais il était bien plus dangereux encore de le percer à jour ; car on était alors soupçonné de vouloir dévoiler sa manière d'agir et, ensuite, de ne plus s'en satisfaire. (5) Le seul à pouvoir survivre, si l'on peut dire, et ce type d'homme est infiniment rare, était celui qui n'ignorait rien de sa nature et n'en disait pas le moindre mot. Car dans ces conditions, en ne lui faisant aucune confiance, ils n'étaient pas déçus, et ne montrant pas qu'ils comprenaient ses agissements, ils n'attiraient pas sa haine. À coup sûr, il provoqua des troubles considérables, soit qu'on s'opposât à ses déclarations, soit qu'on l'approuvât : (6) car désirant véritablement une chose mais feignant volontairement d'en souhaiter une autre, il trouvait bien sûr des opposants dans l'un et l'autre cas, et par suite détestait les uns en toute sincérité, et les autres par souci d'apparence.

(2) (1) C'est avec cet état d'esprit qu'il envoya un message depuis Nola[6], sitôt Empereur, aux armées et aux provinces, affirmant qu'*Imperator*, en fait, il ne le serait pas ; car ce titre qui lui avait été pourtant alloué par un vote, avec les autres titres, il ne l'accepta pas ; et tout en recevant l'héritage d'Auguste il n'en prit pas le nom[7]. (2) De plus, alors qu'il avait déjà des gardes du corps tout autour de lui, il réclama assistance au Sénat afin de ne subir aucune violence lors des funérailles d'Auguste. Il craignait en effet qu'on ne s'emparât du corps et qu'on ne le brûlât sur le Forum, comme on avait brûlé celui de César[8]. (3) Et comme quelqu'un proposait ironiquement que lui fût donnée une garde, comme s'il n'en avait pas déjà une, il comprit le sarcasme et déclara : « Les soldats ne m'appartiennent pas, ils sont au peuple. » Telle était donc sa façon d'agir ; et parallèlement, tout en dirigeant concrètement toutes les affaires de l'État, il disait ne pas les solliciter. (4) Il affirmait d'abord y renoncer à cause de son âge (il avait en effet cinquante-six ans) et à cause de sa mauvaise vue (car il voyait très clair dans l'obscurité mais sa vue était très faible à la lumière du jour[9]) ; ensuite il réclamait des collègues et associés, non pour tout diriger globalement comme dans une oligarchie, mais en partageant l'État en trois parties, et en s'arrogeant le droit d'en gérer une tout en cédant le reste aux autres. (5) Une de ces parties, c'était Rome et le reste de l'Italie, la deuxième partie était l'armée, et la troisième tous les autres sujets. Comme il faisait grande pression, et comme la majorité prenait le contrepied et lui demandait de diriger l'ensemble, Asinius Gallus s'écria, usant toujours de cette liberté d'expression de ses pères, par-delà même son intérêt personnel : « Prends la partie que tu veux. » (6) Alors Tibère : « Et comment le même homme peut-il à la fois partager et prendre ? » Alors Gallus comprit dans quelle mauvaise passe il se trouvait ; il voulut le calmer par ses propos, en disant : « Ce n'est pas l'idée qu'il puisse t'échoir un tiers que je te laissais entendre, mais bien que l'État est impossible à partager. » (7) En réalité, malgré cela il ne put l'adoucir : après de multiples et terribles épreuves il fut assassiné. Car en plus il avait épousé l'ex-femme de Tibère et considérait Drusus comme son fils, ce qui le faisait haïr de Tibère depuis déjà longtemps[10].

(3) (1) Tibère agissait ainsi à cette époque surtout parce que sa nature et ses choix l'y portaient ; mais en plus parce qu'il se méfiait de ses armées, celles de Pannonie et de Germanie, et parce qu'il avait peur de Germanicus qui dirigeait la province de Germanie et en était apprécié. (2) Ceux d'Italie, il les avait reçus liés aux serments instaurés par Auguste ; mais comme il se méfiait des autres, il se tenait prêt à toute alternative pour sauver sa vie et redevenir simple particulier au cas où les armées se révolteraient et gagneraient ; souvent pour cela il feignait d'être malade et restait à la maison, pour ne pas être obligé de répondre à une question ou de faire quelque chose. (3) J'ai même déjà entendu dire que lorsque Livie a affirmé avoir donné le pouvoir à Tibère contre la volonté d'Auguste[11], il fit en sorte de ne pas paraître recevoir le pouvoir d'elle (en fait il la haïssait fort[12]), mais contraint et forcé par le Sénat, sous prétexte qu'il les dépassait de toutes ses qualités. (4) Et j'ai aussi entendu ceci, que lorsqu'il voyait des gens mal disposés envers lui, il attendait et laissait passer le temps pour qu'ils ne s'empressent pas de semer la révolte, les laissant

dans l'espoir qu'il abandonnerait volontairement le pouvoir ; et ce jusqu'à ce qu'il fût parfaitement maître de tout. (5) Cependant je ne prétends pas écrire que tout cela fut la cause de son comportement ; ce fut plutôt la tournure de son caractère et la crainte de ses soldats. Car il envoya immédiatement de Nola quelqu'un pour tuer Agrippa[13]. Mais il affirma que cela n'avait pas été commandité par lui et lança un mandat contre le responsable ; (6) mais loin de les punir, il laissa les hommes présenter leur défense, les uns disant qu'Auguste lui-même avait condamné Agrippa avant sa mort, d'autres prétendant que le centurion qui en avait la garde l'avait de lui-même égorgé dans un dessein révolutionnaire, les autres accusant Livie, et non Tibère, d'avoir commandité le meurtre[14].

(4) (1) Celui-là disparut donc bien vite ; mais Germanicus lui faisait terriblement peur. Car les soldats de Pannonie s'étaient soulevés immédiatement après l'annonce de la mort d'Auguste ; ils s'étaient tous rassemblés à l'intérieur d'un seul camp, s'en étaient rendus maîtres, et ils accomplirent de nombreux actes de rébellion. (2) Entre autres forfaits ils entreprirent d'assassiner leur chef, Junius Blæsus, réunirent ses esclaves et les torturèrent. Globalement ils voulaient servir seize ans au plus, exigeaient de recevoir un denier par jour et de toucher leur prime immédiatement, dans le campement[15] ; et ils menaçaient, s'ils n'obtenaient pas satisfaction, de soulever la province et de marcher sur Rome. (3) Cependant ils se laissèrent convaincre non sans mal par Blæsus[16] ; et ils envoyèrent des légats à Tibère pour défendre leurs intérêts. Car ils espéraient obtenir dans le

changement de pouvoir tout ce qu'ils désiraient, soit en effrayant Tibère, soit en donnant l'autorité à quelqu'un d'autre. (4) Après cela, quand Drusus avança contre eux avec ses prétoriens, ils furent d'abord bouleversés, car aucune réponse sûre ne leur était apportée ; ils blessèrent quelques-uns de ses compagnons et lui-même, ils le mirent sous bonne garde toute la nuit, pour qu'il ne s'enfuît pas ; mais comme il y eut une éclipse de lune, ils réfléchirent sérieusement, leurs espoirs faiblirent et, faisant en sorte qu'aucun mal ne leur fût fait, ils envoyèrent à nouveau des messagers à Tibère. (5) Sur ces entrefaites se déclencha un terrible orage qui amena chacun à se retirer dans son propre campement ; les esprits les plus hardis furent alors convaincus par Drusus lui-même, dans sa propre tente où ils avaient été convoqués pour une raison ou pour une autre, d'autres le furent par ses compagnons d'une manière ou d'une autre, si bien qu'ils en arrivèrent même à livrer au châtiment certains d'entre eux, responsables, disaient-ils, de la sédition. C'est donc ainsi que ces soldats furent calmés[17].

(5) (1) Mais ceux de Germanie, réunis en grand nombre à cause de la guerre, considéraient que Germanicus était un César, et qui plus est, bien meilleur que Tibère, et ne modéraient en rien leur ardeur ; au contraire ils présentèrent les mêmes demandes, dirent du mal de Tibère et nommèrent Germanicus Empereur. (2) Celui-ci leur parla longuement mais ne put les ramener au calme ; alors il saisit son glaive comme pour le retourner contre lui, ce qui déclencha gémissements et cris de lamentation ; quelqu'un lui tendit même son

propre glaive en disant : « Prends celui-ci, il est mieux aiguisé[18]. » (3) Germanicus, voyant comment la situation évoluait, n'eut pas le front de se tuer, entre autres raisons parce qu'il ne s'attendait pas à ce qu'ils cessent leurs séditions pour autant[19] ; il leur apporta une lettre qu'il leur présenta comme une missive de Tibère, leur accordant le double de la prime accordée par Auguste, fit comme si cette prime venait de l'Empereur lui-même, et il renvoya ceux qui avaient dépassé la limite d'âge. (4) Car la majorité d'entre eux faisaient partie des troupes supplémentaires enrôlées dans la cité, qu'Auguste avait levées après le désastre de Varus[20]. À ce moment-là les révoltés cessèrent leurs séditions.

Plus tard vinrent des sénateurs, envoyés par Tibère, à qui l'Empereur n'avait révélé secrètement que ce qu'il souhaitait que Germanicus apprenne[21] ((5) car il savait bien qu'ils lui diraient absolument toutes ses pensées, et il ne voulait pas que ces gens, ou Germanicus lui-même, se mêlent de plus d'affaires que celles qu'il présentait comme seules valables). Donc lorsque les sénateurs arrivèrent, les soldats avaient appris la ruse de Germanicus ; soupçonnant les sénateurs d'être venus pour abroger les décisions prises par Germanicus, (6) ils se soulevèrent à nouveau ; il s'en fallut de peu qu'ils n'égorgent certains des envoyés ; ils harcelèrent Germanicus, et ils s'emparèrent de sa femme, Agrippine, qui était la fille d'Agrippa et de Julie fille d'Auguste[22] ; et ils s'emparèrent aussi de son fils, qu'ils nommaient Caius Caligula parce qu'il portait, élevé principalement dans le camp militaire, les bottines des soldats plutôt que des chaussures de ville ; tous deux avaient été mis pourtant en lieu sûr par Germanicus. (7) Agrippine qui était enceinte fut relâchée à la demande de Germanicus, mais ils retinrent Caius[23]. Cette fois-là aussi, après un certain temps, comme ils n'aboutissaient à rien, ils se calmèrent et ils en arrivèrent à un telle confusion d'idées qu'ils arrêtèrent spontanément les plus hardis d'entre eux, en tuèrent certains et traînèrent les autres en public, pour finalement égorger les uns et relâcher les autres selon le bon vouloir de la majorité.

(6) (1) Mais Germanicus, par peur malgré tout de les voir se révolter à nouveau, se jeta dans la guerre et trouva en elle l'occasion de fournir aux soldats activité et richesse abondante prise sur les biens d'autrui[24]. (2) Alors qu'il aurait pu s'emparer du titre d'Empereur (car il avait pour ce faire l'accord d'absolument tous les Romains et celui de leurs sujets), il n'en voulut pas. Tibère de son côté le louait pour ce geste, et il envoyait de nombreux messages reconnaissants à Agrippine et à lui-même, non tant qu'il fût heureux de ce qu'il avait fait, mais il le craignait encore plus de s'être ainsi attaché l'armée. (3) Il pensait aussi que Germanicus n'avait pas les idées qu'il laissait paraître, dans la mesure où il était conscient lui-même de dire une chose et d'en faire une autre ; si bien qu'il se méfiait de Germanicus et il se méfiait aussi de son épouse, d'autant plus qu'elle avait un orgueil en rapport avec la qualité de ses origines. (4) En tout cas il ne montrait aucun signe d'irritation à leur égard, il prononçait au contraire maints éloges de Germanicus au Sénat, et proposait que soient organisés des sacrifices en l'honneur de ce qu'il avait fait, comme il en avait été donné pour célébrer les

actions de Drusus. (5) Il dota aussi les soldats de Pannonie des mêmes avantages que ceux de Germanicus avaient reçus. Mais pour le reste il refusa de renvoyer les soldats qui servaient hors d'Italie avant leur vingtième année de service[25].

(7) (1) Comme on n'annonçait plus aucun événement nouveau, qu'au contraire toute la société romaine était en accord avec sa direction, Tibère accepta le pouvoir sans dissimuler davantage, et c'est de la façon suivante, tant que Germanicus vécut, qu'il l'exerça[26]. (2) De lui-même il agissait peu, ou pas du tout, il transférait tous les dossiers, même les plus anodins, au Sénat et mettait là tout en commun[27]. Il avait aussi installé un tribunal sur le Forum, où il siégeait et rendait la justice, et il sollicitait toujours des conseillers, à la manière d'Auguste ; encore ne réclamait-il rien qui vaille la peine sans en avoir d'abord fait part aux autres. (3) Et après avoir mis ses idées sur la table, il donnait à tout un chacun la liberté de s'opposer à elles et, encore mieux, il put arriver qu'il accepte des votes totalement opposés à ses idées ; souvent même il mettait son vote en balance. Drusus faisait la même chose que les autres, parfois le premier, parfois après quelques autres. (4) Quant à Tibère, parfois il gardait le silence ; parfois le premier, ou après quelques autres, ou tout à la fin, il présentait certaines idées très brièvement, d'autres plus longuement, et pour ne pas avoir l'air de leur enlever leur franc-parler il disait : « Si j'avais donné mon avis, j'aurais proposé ceci et cela. » (5) Cette méthode avait bien la même efficacité que l'autre, d'autant plus que l'ensemble des sénateurs n'était pas empêché de dire ce que bon lui semblait ; bien au contraire il

proposait parfois une chose, et ceux qui parlaient après lui en proposaient une autre, et il pouvait arriver qu'ils l'emportent ; et il n'en tenait rigueur à personne. (6) Il rendait aussi la justice comme je l'ai dit, et il fréquentait également les tribunes des magistrats, qu'il ait été invité par eux ou non ; il les laissait siéger à leurs places, prenait place sur le banc en face d'eux et il disait ce que bon lui semblait en tant que parèdre.

(8) (1) Et il agissait dans tous les domaines de cette façon-là. Il ne se laissa pas appeler « Maître » par des hommes libres, ni *Imperator* si ce n'est par des soldats ; il repoussa catégoriquement le nom « Père de la Patrie »[28] ; le titre d'« Auguste » il ne l'utilisa pas (il ne permit même pas qu'il soit jamais voté), mais il supportait de l'entendre prononcé ou de le voir écrit ; (2) et chaque fois qu'il écrivait à quelque souverain, il ajoutait ce titre à ses lettres. La plupart du temps il était appelé « César », parfois aussi « Germanicus » en souvenir des exploits de Germanicus[29], « Prince du Sénat » selon l'ancienne formule, et c'est ainsi parfois que lui-même se nommait. D'ailleurs il disait souvent : « Je suis le Maître des esclaves, l'*Imperator* des soldats et le premier des autres Romains. » (3) Il priait, à chaque fois qu'une telle occasion se présentait, de vivre et commander aussi longtemps que cela profiterait au peuple. Et il se montrait dans toutes ses actions d'une égale attention pour le peuple si bien qu'il ne permit pas qu'il y ait une quelconque cérémonie pour son anniversaire en plus de ce qui était officiellement programmé, et il ne laissa pas les gens prêter serment sur sa Fortune[30] ; (4) et si par hasard quelqu'un prêtait ser-

ment sur elle et était arrêté ensuite pour s'être parjuré, il n'était pas même pas poursuivi. En bref, il n'autorisa même pas en son honneur la coutume respectée le jour du Nouvel An jusqu'à son époque, en l'honneur d'Auguste et en l'honneur de tous les dignitaires en poste avec lui dont nous reconnaissons l'importance, en l'honneur aussi de tous ceux qui détiennent toujours le pouvoir suprême et dont les actes passés sont ratifiés sous serment et, pour ceux qui vivent encore, leurs actes à venir. (5) En ce qui concerne les actes d'Auguste, il reçut les ratifications des autres mais ajouta aussi le sien. Pour rendre son état d'esprit encore plus manifeste, il passa tout le Nouvel An sans entrer dans le Sénat, sans même être vu en ville, mais il demeurait en quelque faubourg, revenait après les cérémonies et prêtait serment séparément. (6) C'est pour cela qu'il passait à l'extérieur le temps du Nouvel An ; et il ne voulait pas déranger aucun des hommes occupés alors aux nouvelles charges et à la procession, ni recevoir d'eux de l'argent[31].

(9) (1) Telles sont donc ses actions sensibles à l'intérêt du peuple ; bien plus, aucun temple en son honneur ne fut décidé par lui ni même construit pour toute autre raison, et il était interdit à quiconque d'installer une image de lui. Car il annonça immédiatement et formellement qu'aucune cité, aucun particulier ne devaient le faire. (2) Certes il joignait à son ordre : « À moins que j'en donne moi-même la permission », mais il ajoutait : « je ne le permettrai pas. » Car il voulait éviter au maximum d'être insulté ou outragé ouvertement (car ils nommaient « lèse-majesté » déjà une telle attitude qui entraînait de nombreuses pour-

suites[32]) ; et il n'y eut aucune poursuite de sa part pour un tel motif, malgré le serment prêté à Auguste dans ce domaine-là également. (3) Au début en effet, il ne poursuivit aucun de ceux qui encouraient une accusation de la part d'Auguste, et relâcha des prévenus accusés de s'être parjurés après un serment sur sa Fortune ; mais avec le temps, il en fit exécuter un très grand nombre.

(10) (1) C'est ainsi donc qu'il magnifiait Auguste ; bien plus, en achevant les monuments qu'Auguste avait commencés sans les finir, il y grava le nom d'Auguste ; quant aux statues et sanctuaires d'Auguste, que ce soient ceux que des communautés ou des particuliers avaient érigés, il les consacra lui-même, ou ordonna à un des pontifes de le faire.

(2) La règle de l'inscription sur le monument, il ne l'appliqua pas seulement aux réalisations d'Auguste, mais à tous les monuments qui demandaient quelque réparation. Car même s'il restaura tous les monuments qui avaient subi des dommages (il n'érigea lui-même aucun nouveau monument, sauf le temple d'Auguste[33]), il ne s'en appropria aucun, mais il fit graver sur tous les noms de leurs constructeurs d'origine. (3) En outre il dépensait fort peu pour ses propres besoins, mais allouait d'immenses sommes au bien commun, restaurant d'une part et embellissant pour ainsi dire tous les monuments publics, et donnant beaucoup d'argent aussi bien aux cités qu'aux particuliers. Il enrichit bon nombre de sénateurs qui étaient pauvres et ne voulaient plus de ce fait siéger au Sénat[34]. (4) Bien sûr il n'agissait pas ainsi sans distinction, il rayait de la liste certains pour leur impudence, d'autres pour leur indigence, quand ils ne pouvaient pas en don-

ner de raison valable. Tout l'argent distribué était d'abord compté devant lui ; car sous Auguste les fonctionnaires préposés aux dons avaient détourné de grosses sommes en leur faveur, et il prenait bien soin que ça ne puisse plus se reproduire sous son règne. (5) Et toutes ces dépenses étaient prélevées sur les deniers publics ; car il n'exécuta personne pour son argent, il ne confisqua les biens de personne à cette époque et ne chercha pas à gagner de l'argent par des procédés douteux. Et en fait, quand Æmilius Rectus lui envoya, d'Égypte qu'il gouvernait, plus d'argent qu'il avait été décidé, Tibère lui répondit par ce message : « Je veux que mes moutons soient tondus et non pas écorchés[35]. »

(11) (1) Il était cependant tout à fait facile à approcher et à aborder pour parler. Il demanda par exemple aux sénateurs de venir le voir groupés, afin d'éviter de se bousculer les uns les autres[36]. (2) En fait il se montrait si délicat que lorsque les magistrats rhodiens lui envoyèrent un message sans ajouter en fin de lettre la formule consacrée, les vœux pour sa personne, il leur envoya aussitôt un pli comme s'il allait les punir, mais à leur arrivée il ne leur fit rien de mal, mais les renvoya, après qu'ils eurent ajouté ce qui manquait. (3) Il respectait toujours les magistrats comme dans une démocratie, et se levait pour les consuls. Chaque fois qu'il les invitait à dîner, il les recevait à l'entrée près de la porte, et les raccompagnait à leur départ. S'il était transporté un jour en litière quelque part, il ne laissait personne l'accompagner, ni sénateur ni même cavalier de l'élite.

(4) Pendant les festivals ou quand quelque cérémonie du même genre se préparait pour offrir du

divertissement à la foule, il allait le soir chez un des affranchis impériaux habitant près des lieux où devait se tenir le rassemblement, et il dormait là, pour qu'il fût possible aux gens de le rencontrer de la façon la plus directe et aisée. (5) Et les courses de chevaux, il les regardait souvent lui-même de la maison de quelque homme libre. Car il assistait très souvent aux spectacles, par respect pour ceux qui les donnaient, pour assurer la bonne tenue de la foule, et pour avoir l'air de partager leur fête. En fait, il ne montra jamais le moindre enthousiasme pour ce genre de choses, ni il n'eut la réputation de favoriser qui que ce fût. (6) Il était en toute situation d'un caractère si juste et égal que lorsque le peuple voulait que soit affranchi un acteur, il n'acceptait pas tant que le maître de l'acteur n'avait pas donné son approbation et reçu son payement[37]. (7) Avec ses compagnons il était comme dans sa vie privée : il se joignait à eux quand ils rendaient la justice et, dans les processions, se mêlait à leurs sacrifices ; quand ils étaient malades il venait les voir, et si quelqu'un d'eux mourait, c'est lui qui prononçait le discours funèbre[38].

(12) (1) Et sa mère aussi, il lui demandait d'agir de même pour les domaines qui la concernaient, en partie pour qu'elle l'imite, mais aussi pour qu'elle ne se gonfle pas d'orgueil. (2) Car elle occupait un rang bien supérieur à celui des femmes de naguère, au point qu'elle recevait en tout temps le Sénat et les gens du peuple qui souhaitaient la rencontrer chez elle, et cette possibilité était inscrite dans la mémoire collective. Les lettres de Tibère portèrent aussi pendant un certain temps son nom, et on écrivait aux deux indifféremment.

(3) Excepté le fait qu'elle ne se risqua jamais dans le Sénat ni dans les camps militaires ni dans les assemblées, elle s'occupait de tout le reste comme si elle avait le pouvoir suprême. De fait elle avait une grande influence au temps d'Auguste et disait que c'est elle qui avait fait de Tibère un Empereur, d'où sa volonté non pas de régner à égalité avec lui, mais de le dominer[39]. (4) De là furent proposées diverses idées qui dépassaient les mesures ordinaires, beaucoup proposèrent de lui donner le titre de « Mère de la Patrie », d'autres préférèrent « Parent ». D'autres émirent l'idée que Tibère fût nommé d'après elle, de sorte que parallèlement aux Grecs qui prennent le nom du père, lui porterait le nom de sa mère. (5) Tibère s'en irritait fort mais il n'interdisait pas ce qui était voté en sa faveur, à de rares exceptions près, et il ne la laissait pas non plus dépasser la mesure. Au moment par exemple où elle avait consacré une image d'Auguste chez elle, elle avait souhaité par la même occasion inviter à un repas le Sénat et les chevaliers avec leurs épouses ; (6) Tibère ne la laissa pas entreprendre quoi que ce soit avant que les sénateurs aient voté, il ne lui permit pas d'inviter les hommes, mais il invita les hommes et elle les femmes. Et finalement il l'écarta complètement des affaires publiques, la laissant s'occuper des affaires domestiques ; mais comme elle était insupportable même dans ce domaine, il s'arrangea pour s'éloigner et chercha par tous les moyens à l'éviter, si bien qu'elle n'est pas la moindre cause de ses séjours à Capri.

(13) (1) Voilà ce qu'on rapporte sur Livie.

Tibère, quant à lui, s'en prit ensuite plus brutale-

ment à ceux qui étaient accusés de quelque chose,
il se fâchait contre Drusus son fils, qui était très
impie et cruel, si cruel que les plus aiguisées des
épées furent nommées d'après lui « drusianes », et
il le répréhendait souvent en privé et publiquement. (2) Un jour même il lui dit sans détour en
présence de nombreux témoins : « Moi vivant, tu ne
commettras aucune violence ni aucun outrage ; et
tu n'as pas intérêt à essayer, même après ma mort. »
(3) Car il vécut un temps de façon très sage, et il ne
permettait à personne l'impudence, au contraire il
en châtiait beaucoup pour ce motif ; cependant le
jour où les sénateurs voulurent voter un châtiment
contre ceux qui vivaient en libertins, il n'entérina
rien de tel, et leur montra qu'il était bien meilleur
de les raisonner en privé d'une façon ou d'une
autre plutôt que de leur infliger une punition
publique. (4) Car en fait il se pourrait que l'un
d'entre eux, par crainte du déshonneur, mène une
vie plus rangée, pour pouvoir précisément passer
inaperçu ; mais si une fois la loi en arrive à être
vaincue par la nature humaine, personne ne la
respectera plus. (5) Et comme de nombreux individus revêtaient le manteau de pourpre, pourtant
précédemment interdit, Tibère ne blâma personne,
ne châtia personne, mais un jour de pluie, il revêtit
lui-même une casaque de couleur sombre. Et dès
lors personne ne s'avisa plus d'enfiler autre chose.

(6) Tel était son comportement quand Germanicus vivait ; mais après sa mort il y eut de nombreux
changements, soit qu'il ait eu dès le début des idées
qu'il dévoila ensuite, mais il les cachait tant que
Germanicus vivait parce qu'il le voyait guetter le
pouvoir, soit que sa nature fût bonne et qu'il se fût

corrompu lorsqu'il fut privé de son rival. Je vais relater étape par étape comment chaque événement se déroula, du moins ce qui est digne d'être retenu.

(14) (1) Sous les consulats de Drusus son fils et Caius Norbanus, il donna au peuple ce qu'Auguste lui avait accordé. Mais un individu, un jour, s'approcha d'un mort qu'on portait sur le Forum et, s'étant penché sur son oreille, marmonna quelque chose ; comme des témoins lui demandaient ce qu'il disait, il déclara qu'il avait envoyé un message à Auguste comme quoi ils n'avaient encore rien reçu. (2) Tibère le fit mettre à mort aussitôt pour qu'il délivre son message lui-même, selon sa formule ironique[40] ; mais peu de temps après il se concilia largement les autres en distribuant à chacun soixante-cinq drachmes[41]. (3) Certains disent cependant que cette distribution eut lieu l'année précédente. À cette époque-là des chevaliers voulaient lutter en combats singuliers dans les jeux que Drusus avait organisés en son nom et au nom de Germanicus ; mais Tibère n'assista pas à leur combat, et lorsqu'un chevalier en eut tué un autre, il ne leur permit plus ces combats en armes. (4) Il y avait aussi alors d'autres combats dans le Cirque en l'honneur de l'anniversaire d'Auguste, et des bêtes sauvages étaient même mises à mort. Et on continua ainsi pendant de nombreuses années. À cette époque-là la Crète, à la mort de son gouverneur, fut assignée au questeur et à son assesseur pour le temps qui restait. (5) Comme à ce moment-là bon nombre de magistrats qui avaient obtenu des provinces par tirage au sort passaient encore pas mal de temps à Rome et en Italie au point que leurs prédécesseurs restaient au-delà du temps imparti, Tibère leur ordonna de rejoindre leur poste au 1er juin. (6) Au même moment son petit-fils qu'il avait de Drusus mourut, et il ne négligea aucun de ses devoirs ordinaires, jugeant d'ailleurs qu'un gouvernant ne devait pas négliger l'intérêt commun à cause de ses malheurs privés, et habituant par là les autres à ne pas laisser les affaires des morts primer sur les affaires des vivants. (7) Lorsque le Tibre en crue eut submergé une grande partie de la ville, au point qu'on circulait en barques, les gens recevaient cet événement comme un présage, tout comme l'ampleur des séismes qui avaient fait s'écrouler une partie des remparts, tout comme les nombreuses tempêtes qui avaient fait déborder le vin des contenants pourtant intacts ; (8) Tibère, lui, jugeant que la cause en était plutôt l'excès du courant, demanda à cinq sénateurs, à titre permanent, tirés au sort, de s'occuper de ce problème fluvial, pour que le Tibre ne déborde pas l'hiver, ni ne s'assèche l'été, mais coule toujours avec le débit le plus régulier possible[42].

(9) Tibère prenait ces mesures ; Drusus de son côté remplissait sa tâche de consul de façon régulière, à égalité avec son collègue, comme s'il était un simple particulier. Et lorsqu'il se retrouvait héritier de quelqu'un, il accompagnait son convoi funèbre. Cependant il était pris de si violentes colères qu'il frappa un jour un distingué chevalier et reçut pour cela le nom de Castor[43]. (10) Et il devenait un buveur si excessif qu'une nuit, contraint de prêter main-forte avec ses prétoriens à des gens victimes d'un incendie, comme ces gens demandaient de l'eau, il ordonna qu'on leur versât

de l'eau chaude[44]. Et il fréquentait les acteurs, au point que ceux-ci semaient le désordre et que même les lois que Tibère avait édictées à leur propos ne les calmaient pas[45].

(15) (1) Tels furent les événements de cette époque. Sous le consulat de Statilius Taurus et Lucius Libo, Tibère décréta que personne ne devait porter de vêtement de soie ; il décréta aussi que personne ne devait utiliser de vaisselle d'or, excepté pour les cérémonies religieuses. (2) Comme certains, embarrassés, voulaient savoir s'il leur était interdit aussi de posséder de la vaisselle d'argent ayant des ornements dorés, il voulut rédiger un décret également à ce sujet, mais interdit d'inscrire dans le décret le mot « emblème », considéré comme un mot grec[46], et ce bien qu'il n'y ait aucun mot latin pour le désigner. (3) Voilà ce qu'il fit à ce sujet. Et le jour où un centurion voulut témoigner au Sénat en langue grecque, il l'en empêcha, bien qu'il eût entendu dans ce lieu de nombreux procès jugés dans cette langue, et qu'il eût de même interrogé ainsi de nombreux témoins. (14) Il fit preuve là d'inconstance ; même chose avec Lucius Scribonius Libo, un jeune homme de bonne famille qui était soupçonné d'intentions révolutionnaires ; tant qu'il fut en pleine santé Tibère ne lui intenta aucun procès ; mais lorsqu'il fut frappé d'une maladie mortelle, il le fit transporter au Sénat en litière couverte, comme celle qu'utilisent les femmes de sénateurs. (5) Puis il y eut une parenthèse et l'homme se tua avant son procès ; alors Tibère le jugea après sa mort, paya ses accusateurs et fit voter des sacrifices en commémoration, pas seulement en son nom personnel mais au nom d'Auguste et de son père Julius[47], comme cela avait été alors décrété. (6) C'est ainsi qu'il le traita. Mais d'un autre côté il ne fit aucun mal à Vibius Rufus lorsqu'il utilisa le siège où César avait l'habitude de s'asseoir et où d'ailleurs il fut assassiné. Or Rufus en avait fait une habitude, mais en plus il fréquentait l'épouse de Cicéron et était tout fier de devenir à la fois orateur grâce à la femme de Cicéron et César grâce au fauteuil. (7) Et en fait il ne reçut aucun reproche, devint même consul[48]. Cependant Tibère était toujours avec Thrasylle[49] et s'occupait un peu de divination chaque jour ; et il devint lui-même si versé dans cette pratique qu'un jour, comme un rêve lui avait enjoint de donner de l'argent à un homme, il comprit qu'un esprit lui était envoyé par magie et il mit l'homme à mort. (8) Quant aux autres astrologues et magiciens, et toute personne qui s'occupait de divination d'une manière ou d'une autre, il en mettait à mort les étrangers ; les citoyens, tous ceux qui étaient convaincus de s'y adonner encore après le décret qu'il avait instauré interdisant toute pratique de ce genre à l'intérieur de la cité, il les bannissait ; ceux qui obéissaient au décret bénéficiaient de l'impunité. (9) En réalité tous les citoyens eussent été acquittés par-delà même son avis, si un tribun ne s'y était pas opposé. Là réside le trait le plus évident de cette forme de démocratie, quand le Sénat, en accord avec la motion de Cnæus Calpurnius Piso, triomphe de Drusus et de Tibère, pour être mis finalement en minorité par le tribun.

(16) (1) Tels furent les événements. De plus, certains questeurs de l'année précédente furent envoyés dans les provinces, parce que ceux de l'année en cours étaient trop peu nombreux. Et le phénomène se renouvela aussi souvent qu'on en eut besoin. (2) Comme bon nombre de registres publics étaient ou bien totalement disparus ou bien devenus illisibles avec le temps, trois sénateurs furent désignés pour recopier ceux qui existaient encore et pour rechercher le texte des autres. À certaines victimes d'incendie, Tibère, mais aussi Livie prêtèrent assistance. (3) Et la même année un certain Clemens, ex-esclave d'Agrippa et lui ressemblant quelque peu, prétendit être Agrippa lui-même ; il se rendit donc en Gaule, rallia beaucoup de gens là-bas et beaucoup ensuite en Italie, et pour finir se lança contre Rome avec l'intention de récupérer le pouvoir absolu de son grand-père. (4) Les gens de la cité étaient tout bouleversés par cet incident et un grand nombre se joignaient à lui. Alors Tibère s'empara de lui par ruse grâce à des hommes qui feignirent de partager ses idées, et il le tortura pour en savoir plus sur ses complices ; puis, comme l'homme ne disait pas un mot, Tibère lui demanda : « Comment es-tu devenu Agrippa ? », à quoi l'homme répondit : « Comme toi tu es devenu César[50]. »

(17) (1) L'année suivante Caius Cæcilius et Lucius Flaccus reçurent le titre de consuls. Lorsqu'on apporta à Tibère de l'argent, après le nouvel an, Tibère ne l'accepta pas et édicta un texte concernant cette pratique, en utilisant un mot qui n'était pas latin. (2) Il y pensa toute la nuit, puis envoya chercher tous les spécialistes en la matière ; car il accordait la plus grande importance à son beau langage. Alors un certain Ateius Capito

déclara : « Même si personne auparavant n'a jamais prononcé ce mot, désormais, grâce à toi, nous le compterons tous parmi les tournures classiques. » Mais un certain Marcellus prit la parole et dit : « Toi, César, tu peux donner la citoyenneté romaine aux hommes, mais pas aux mots[51]. » (3) Or Tibère ne lui fit aucun mal pour cette intervention, malgré sa brutale franchise. Il se mit en colère en revanche contre Archelaüs, roi de Cappadoce : celui-ci avait d'abord rampé devant Tibère pour qu'il le défendît, lorsque, sous le règne d'Auguste, il avait été mis en accusation par ses sujets ; (4) après cela il avait été très négligent à son égard, lors de sa venue à Rhodes, alors qu'il avait été aux petits soins pour Caius en Asie. Tibère l'envoya donc chercher comme fomenteur de troubles et le livra aux décisions des sénateurs, alors même que notre homme était d'un âge très avancé, et qui plus est affligé d'une terrible goutte et pour finir considéré comme fou. (5) Car à ce moment-là sa folie était telle que déjà un gouverneur envoyé par Auguste s'occupait du pouvoir ; cependant il ne délirait plus lors des faits en question, mais il faisait semblant, espérant s'en tirer de cette façon. Il eût été mis à mort, n'eût été un témoin garantissant qu'Archelaüs avait un jour déclaré : « Si je rentre chez moi, je lui montrerai de quelles forces je dispose. » Éclat de rire dans la salle, car notre homme non seulement ne pouvait pas tenir debout, mais ne pouvait même pas être assis, et à ce moment-là Tibère abandonna radicalement l'idée de le tuer. (6) Il était d'ailleurs si mal en point qu'on le transportait au Sénat dans une litière couverte (car c'était courant même pour les hommes, quand l'un d'entre eux se sentait malade en venant au Sénat, il était ainsi transporté allongé, et il arriva que Tibère lui-même agisse ainsi) et qu'il lâchait quelques mots en se penchant hors de la litière. (7) C'est ainsi qu'Archelaüs sauva sa vie ; du reste il mourut peu de temps après et par la suite, la Cappadoce tomba sous domination romaine et fut gouvernée par un chevalier[52]. Quant aux villes d'Asie qui avaient été endommagées par le séisme[53], un ex-préteur y fut assigné avec cinq licteurs, de grosses sommes d'argent furent déduites de leurs impôts et même, Tibère leur en alloua aussi. (8) Car il évitait résolument de s'emparer des possessions d'autrui, du moins tant qu'il pratiqua un mode de vie vertueux, n'acceptant pas les héritages que certains lui laissaient alors même qu'ils avaient des parents, et distribuant de nombreux cadeaux aux cités et aux particuliers sans recevoir pour cela une quelconque marque d'honneur ni aucune louange. (9) Il ne s'entretenait jamais tout seul avec les ambassades venues des cités ou des provinces, mais il faisait participer beaucoup de gens aux délibérations, en particulier ceux qui avaient dirigé un jour cité ou province.

(18) (1) Germanicus, bien considéré à cause de sa campagne contre les Celtes, progressa jusqu'à l'océan et infligea une écrasante défaite aux barbares ; il rassembla et ensevelit les corps de ceux qui étaient tombés avec Varus, et récupéra les enseignes de l'armée[54]. [Xiphilin, 134, 20-32]

Tibère ne rappela pas sa femme Julie du bannissement que son père Auguste avait décidé contre elle, en raison de son impudeur ; au contraire il l'enferma sous clé, si bien qu'elle mourut de faiblesse et de faim. [Zonaras, 11, 2]

(2) Lorsque le Sénat sollicita Tibère parce qu'il jugeait qu'il serait bon de nommer « Tibère » le mois de novembre au cours duquel, le 16 précisément, il était né, il répondit : « Et que ferez-vous s'il doit y avoir trente Césars ? » [Xiphilin, 134, 32-135, 4 ; Zonaras, 11, 2 ; Pierre le Patrice, *Exc. Vat.*, 5]

(3) Après cela, sous le consulat de Marcus Junius et Lucius Norbanus, survint un présage le premier jour de l'année ; ce ne fut pas sans importance et joua un rôle, assurément, dans les malheurs de Germanicus. Car le consul Norbanus s'adonnait depuis toujours à la trompette, et comme il s'y consacrait de façon assidue, il voulut en jouer aussi ce jour-là, à l'aube, alors qu'il y avait déjà foule près de sa maison. (4) Et ce détail les bouleversa tous comme si le consul leur avait donné un quelconque signal de combat ; à cela s'ajouta la chute d'une statue de Janus. Il y avait aussi un oracle, passant pour être sibyllin, pas du tout adapté du reste à cette époque de la vie de la cité, mais s'accordant bien aux événements d'alors ; et cet oracle les inquiétait fort ; (5) voici ce qu'il disait : « Lorsque trois fois trois cents ans se seront écoulés, un soulèvement perdra Rome, et la folie de Sybaris... »

Tibère rejeta ces phrases comme mensongères, fit examiner tous les livres contenant une quelconque divination, et condamnait les uns comme ne valant rien tout en retenant les autres. [Xiphilin, 135, 4-23]

Lorsque les Juifs vinrent en grand nombre à Rome et eurent converti un grand nombre de gens à leurs idées, Tibère bannit la plupart d'entre eux. [Jean d'Antioche, *Fragm.* 79]

(6) À la mort de Germanicus, Tibère et Livie

furent vraiment enchantés, mais tous les autres furent sincèrement affligés. Car il était très beau physiquement et d'une grande noblesse d'âme, digne d'admiration à la fois pour sa bonne éducation et pour sa force physique. (7) Bien que très courageux à la guerre, il se montrait très doux avec ses semblables, et tout en ayant le pouvoir suprême d'un César il savait adapter ses pensées au niveau des plus faibles ; il ne se montra ni violent à l'égard de ses subordonnés, ni envieux à l'égard de Drusus ni même critique à l'égard de Tibère. (8) Pour résumer il fut un des très rares hommes à n'avoir jamais failli envers le destin qui lui avait été assigné ni s'être corrompu à cause de lui. Bien qu'il eût pu souvent et avec l'approbation générale, celle des soldats mais aussi du peuple et du Sénat, s'emparer du pouvoir absolu, il n'y consentit pas. (9) Il mourut à Antioche, victime d'un complot de Piso et Plancina. Car on trouva des ossements humains dans la maison où il habitait, ainsi que des tablettes de plomb qui portaient son nom, tout cela de son vivant. Il fut empoisonné, ce fut clairement démontré par son cadavre qui fut transporté au Forum et présenté à l'assistance[55]. (10) Quelque temps après Piso fut traîné à Rome et traduit devant le Sénat par Tibère lui-même pour meurtre, ce qui détournait Tibère du soupçon d'assassinat de Germanicus ; mais Piso obtint un délai et se tua[56]. [Xiphilin, 135, 23-136,6 ; *Exc. Val.*, 188 ; Zonaras, 11, 2]

(11) Quand Germanicus mourut il laissait trois fils, qu'Auguste avait décidé de nommer Césars. Le plus âgé des trois, Néron, prit la toge virile à ce moment-là. [Zonaras, 11, 2]

(19) (1) Jusqu'à ce moment-là Tibère prit un

grand nombre de décisions utiles et commit peu
d'erreurs ; mais lorsqu'il n'eut plus de rival il se
lança dans des entreprises totalement opposées à ce
qu'il avait fait jusqu'alors et qui avait été riche et
honnête ; car il commença à faire preuve de
cruauté, et en particulier lors des accusations de
lèse-majesté il se montrait absolument terrible, soit
que quelqu'un ait été accusé d'avoir fait ou dit
quelque chose de peu convenable à l'encontre
d'Auguste, mais aussi à son encontre ou celle de sa
mère. [Xiphilin, 136, 6-13 ; Zonaras, 11, 2]

Et il était impitoyable envers ceux qui étaient
convaincus de complot à son égard. [Zonaras, 11, 2]

Tibère châtiait durement ceux qui tombaient
sous le coup d'une accusation ; il ajoutait : « Personne n'est dominé de bon gré, on y est amené
contre sa volonté ; non seulement les sujets sont
volontiers enclins à ne pas obéir, mais ils tendent
aussi à comploter contre leurs dirigeants. » Et il
accueillait les accusateurs sans distinction, esclave
dénonçant son maître ou fils accusant son père.
[Pierre le Patrice, *Exc. Vat.*, 6]

Mais en révélant à certains son désir de tuer
certains autres, il assassinait ces derniers par l'intermédiaire des premiers, et son action ne passait
donc pas inaperçue. [Zonaras, 11, 2]

(2) Étaient torturés des esclaves témoignant
contre leurs propres maîtres, mais aussi des
hommes libres et des citoyens. Ceux qui avaient
accusé ou témoigné contre quelqu'un recevaient
les biens des prisonniers, et bénéficiaient en plus
de responsabilités et de marques d'honneur. (3)
Pour beaucoup, il étudiait le jour et l'heure de leur

naissance, et examinant à partir de là leur caractère et leur destinée, il les condamnait à mort. Car s'il décelait quelque talent ou une promesse de pouvoir en eux, il provoquait à coup sûr leur perte. (4) Il prenait connaissance et examinait le destin de tous les hommes de haut rang, de sorte que lorsqu'il rencontra Galba, l'Empereur qui régna plus tard, qui allait se marier, il lui dit : « Toi aussi, un jour, tu goûteras au pouvoir. » S'il l'épargna, c'est à mon avis parce que c'était inscrit dans son destin, et aussi, selon ses propres termes, parce que Galba régnerait pendant sa vieillesse et bien après sa propre mort. [Xiphilin, 136, 13-29 ; Zonaras, 11, 2]

(18) (10b) Il est sûr que Tibère trouva aussi des prétextes à ses meurtres ; par exemple après la mort de Germanicus, beaucoup de gens périrent pour s'en être réjouis.

(19) (5) Il était soutenu et aidé avec le plus grand zèle par Lucius Ælius Séjan, fils de Strabon et mignon à ce moment-là de Marcus Gabius Apicius, cet Apicius qui surpassait tout le monde par sa prodigalité ; au point que lorsqu'il voulut un jour savoir tout ce qu'il avait déjà dépensé et tout ce qui lui restait encore, et qu'on lui eut dit qu'il possédait encore deux millions cinq cent mille drachmes[57], il s'effondra comme s'il était voué à mourir de faim et se tua. (6) Ce Séjan donc commanda un certain temps les préteurs avec son père. Mais lorsque son père fut envoyé en Égypte[58], il garda seul leur commandement et les administra de diverses façons, en particulier en rassemblant en un seul camp les cohortes qui étaient distinctes et séparées les unes des autres comme celles des gardes de nuit.

De cette façon ils recevraient groupés et rapidement ses ordres, et effrayeraient tout le monde du fait de leur rassemblement dans un seul lieu. (7) C'est cet homme que Tibère s'attacha, en raison de leurs caractères fort semblables, et qu'il honora du titre de préteur, ce qui n'était jamais arrivé auparavant à quelqu'un de son rang, en faisant son conseiller et son assistant dans tous les domaines. (8) En bref il changea tellement après la mort de Germanicus que tout ce qu'il prisait très fort auparavant, il s'en moquait d'autant plus désormais. [Xiphilin, 136, 29-137, 13 ; *Exc. Val.*, 189]

(20) (1) Lorsque Tibère assuma la charge consulaire avec Drusus, aussitôt des gens prédirent à cause de cela la mort pour Drusus ; car il ne s'en trouva aucun à avoir été un jour consul avec Tibère qui pût échapper à une mort violente ; (2) il en fut ainsi avec Quintilius Varus, puis Cnæus Piso et enfin Germanicus lui-même. Tous périrent de mort violente et honteuse. Il jeta, semble-t-il, de mauvais sorts sa vie durant, avec l'aide d'un quelconque génie. Ce fut Drusus à ce moment-là, puis Séjan ensuite, tous deux ayant partagé le consulat avec lui, qui furent abattus.

(3) Au moment où Tibère était hors de la ville, un chevalier, Caius Lutorius Priscus qui était très fier de son talent poétique et qui avait composé en particulier une superbe épitaphe à Germanicus, ce qui lui avait valu d'ailleurs une grosse somme d'argent, fut accusé d'avoir également rédigé un poème pour Drusus, au moment de sa maladie ; il fut jugé pour cela devant le Sénat, condamné et mis à mort[59]. (4) Tibère s'en irrita, non pas parce que l'homme avait été châtié, mais parce que quelqu'un

avait été mis à mort par les sénateurs sans son accord ; il les insulta, et ordonna de publier un décret selon lequel on n'exécuterait pas avant un délai de dix jours quiconque serait condamné par eux, et on ne rendrait pas public avant ce même délai leur décision écrite, afin que même absent il puisse être informé à temps de leur résolution et puisse la juger.

(21) (1) Après cela, son consulat achevé il vint à Rome et interdit aux consuls de servir d'avocats à certains accusés, en leur disant : « Si j'étais consul, je n'agirais pas ainsi. » (2) Lorsqu'un des préteurs fut accusé d'avoir prononcé des paroles et accompli des actions impies à son égard, l'homme sortit du Sénat, retira son vêtement de fonction et revint demander comme un simple citoyen que son procès fût aussitôt jugé ; Tibère fut terriblement choqué et ne s'attaqua plus à lui. (3) Il bannit les acteurs de Rome et ne leur accorda aucun endroit où exercer leur talent, parce qu'ils déshonoraient les femmes et réveillaient des séditions. Il honora certes bon nombre de défunts par des statues et des cérémonies publiques, mais pour Séjan il fit ériger de son vivant une statue de bronze dans le théâtre. À la suite de cela une multitude d'images de lui furent faites par une multitude de gens, il y eut aussi de nombreux éloges prononcés devant le peuple et devant le Sénat. (4) Les citoyens de renom et les consuls eux-mêmes fréquentaient régulièrement sa demeure dès l'aube, et lui communiquaient à la fois tous leurs problèmes privés qu'ils jugeaient pouvoir régler grâce à Tibère, et les dossiers publics sur lesquels il fallait prendre une décision ; pour résumer, disons que rien de tel n'était plus traité sans son accord.

(5) C'est environ à cette époque qu'un grand portique qui penchait d'un côté fut redressé d'une façon tout à fait remarquable. L'architecte dont personne ne connaît le nom (car jaloux de son chef-d'œuvre Tibère ne permit pas qu'il soit inscrit dans les mémoires), quel que fût donc son nom d'alors, il renforça la base du portique tout autour afin qu'il ne puisse s'incliner et garnit tout le reste avec des tas de fourrures et d'épais rembourrages, (6) en fixant l'ensemble de tous côtés avec des filins et en le redressant dans son ancienne position.

À ce moment-là Tibère le considéra à la fois avec admiration et jalousie ; son admiration fit qu'il le gratifia d'une récompense en argent, et sa jalousie le fit bannir de la cité. (7) Après cela l'homme vint voir Tibère et implora sa grâce, et au même moment il fit tomber un gobelet de cristal ; et bien que le gobelet fût abimé et froissé, il le redressa avec ses doigts et le rendit aussitôt intact, certain d'obtenir grâce à cela son pardon ; en fait Tibère le fit exécuter[60].

(22) (1) Drusus le fils de Tibère mourut empoisonné ; car Séjan, psychologiquement gonflé par son pouvoir et son rang, se retourna finalement contre Drusus et un jour lui lança un coup de poing. (2) Par suite il redouta à la fois Drusus et Tibère ; mais il prévoyait en même temps que, s'il mettait le jeune homme hors d'état de nuire, il neutraliserait très facilement le vieil homme ; il administra donc un poison à Drusus par l'intermédiaire de ceux qui s'occupaient de lui[61], et grâce aussi à son épouse, que certains nomment Livilla. Car il était son amant.

(3) On en imputa la responsabilité à Tibère

parce qu'il ne changea rien à ses habitudes ni pendant la maladie de Drusus ni après sa mort, et il poussa les autres à faire de même. En fait cette version n'est pas digne de foi. Car il agissait ainsi, par principe, dans tous les domaines, et il était proche de son fils qui était son fils unique et légitime ; (4) en outre il châtia ceux qui avaient provoqué cette mort, les uns immédiatement et les autres après les événements. À ce moment-là en tout cas il entra au Sénat, prononça pour son fils l'éloge qui convenait et se fit transporter chez lui. [Xiphilin, 137, 17 — 140]

(4 a) Ainsi périt Drusus. Tibère vint alors au Sénat et se lamenta, puis il confia Néron et Drusus, les fils de Germanicus, à l'Assemblée des sénateurs. Le corps de Drusus était placé sur une tribune et Néron, son gendre, prononça son éloge. Sa mort provoqua la mort de beaucoup d'autres qui s'étaient réjouis de sa perte. (4 b) Car beaucoup perdirent la vie, et en particulier Agrippine avec ses enfants, excepté le plus jeune. Car Séjan avait excité la haine de Tibère à son endroit, espérant qu'après sa mort et celle de ses enfants il pourrait vivre avec Livilla, la femme de Drusus, qu'il aimait, et qu'en l'absence de tout héritier de Tibère il recevrait le pouvoir suprême ; car Tibère haïssait son petit-fils comme un bâtard. Il en perdit beaucoup d'autres, pour telle ou telle raison, en général fabriquée de toutes pièces ; il les exila ou les fit disparaître. [Zonaras, 11, 2]

(5) Tibère interdit à ceux qui avaient subi incendie ou inondation de faire la moindre réclamation ; et cette interdiction est encore observée de nos jours.

Ælius Saturninus, sous prétexte qu'il avait composé contre sa personne des vers peu convenables, fut convoqué devant le Sénat, arrêté et jeté du haut du Capitole.

(23) (1) Je pourrais écrire encore beaucoup d'autres histoires de ce genre, si je devais tout raconter. Disons donc pour résumer que beaucoup sont morts pour des motifs de ce genre, à cause de lui ; disons aussi que pendant qu'il fouillait méticuleusement, cas par cas, tous les termes coupables que les gens étaient accusés d'avoir prononcés contre lui, lui-même se traitait de tous les noms plus dégradants inventés par l'être humain. (2) Et si quelqu'un avait, dans une conversation privée, prononcé un mot coupable, il le rendait public pour que ça reste gravé dans la mémoire collective. Et souvent, ce que personne n'avait dit, il l'inventait, comme si on avait réellement parlé de ce qu'il savait bien être en lui, pour avoir l'air de se mettre en colère d'une façon des plus justifiées. (3) D'où vient qu'il commit tout ce dont il accusait les autres, coupables de lèse-majesté, et s'attirait les sarcasmes.

Et tous ces mots que certains juraient n'avoir pas prononcés, ces mots-là, par son insistance et son acharnement à prouver qu'ils avaient été prononcés, le rendaient véritablement coupable lui-même. C'est pourquoi certains se mirent à soupçonner qu'il n'avait plus toute sa raison. (4) Cependant on ne pouvait vraiment le convaincre de déraison, car dans tous les autres domaines, il gérait tout de façon absolument convenable. Par exemple il assigna un gardien à un sénateur qui vivait de façon licencieuse tout comme à un orphelin. Autre exemple : il fit comparaître devant le sénat Capito, qui avait été procurateur de l'Asie, et il lui reprocha d'avoir fait appel à des soldats et d'avoir agi comme s'il détenait le pouvoir suprême ; il l'exila. (5) En effet à cette époque il n'était pas permis aux fonctionnaires administrant les biens impériaux de prendre d'autres initiatives que de collecter les impôts ordinaires ; et quand survenaient des conflits, ils rendaient justice sur le Forum, conformément aux lois et semblables à de simples citoyens.

(24) (1) Tels étaient donc les changements constants que Tibère apportait à ses faits et gestes ; lorsque les dix années de son pouvoir se furent écoulées, il n'éprouva pas le besoin de faire voter son renouvellement (car il ne voulait pas avoir un pouvoir en pièces détachées comme Auguste), mais la cérémonie d'anniversaire fut pourtant célébrée.

(2) Cremutius Cordus fut contraint de se tuer parce qu'il s'était opposé à Séjan ; aucune charge ne pouvait être retenue contre lui (il était déjà au seuil de la vieillesse et avait vécu une vie des plus convenables) ; (3) mais l'histoire qu'il avait composée depuis déjà longtemps sur les actions d'Auguste, et que Tibère lui-même avait lue, fut condamnée, parce qu'il avait fait l'éloge de Cassius et Brutus et dénigré le peuple et le Sénat ; (4) certes il ne disait aucun mal de César et Auguste, mais il ne les magnifiait pas non plus. C'est ce qui lui valut une accusation, et c'est pour cela qu'il mourut. C'est également pour cela que ses écrits furent brûlés, les uns trouvés en ville par les édiles, les autres dans les régions par leurs gouverneurs respectifs. Plus tard ces écrits furent à nouveau publiés (car certains, et en particulier sa fille Mar-

cia[62] les avaient cachés) et ils furent très recherchés
en raison même des malheurs de Cordus. (5) À la
même époque Tibère fit faire à sa garde prétorienne une démonstration devant les sénateurs,
comme s'ils ignoraient leur force ; c'était pour
qu'ils aient encore plus peur de lui, en les voyant si
nombreux et si forts.

(6) Tels furent les événements de ce temps-là,
dignes de figurer dans un exposé d'histoire. Il y eut
aussi les habitants de Cyzique qui furent privés de
liberté, parce qu'ils avaient emprisonné des
Romains et parce qu'ils n'avaient pas achevé le
temple qu'ils avaient commencé en l'honneur
d'Auguste.

(7) Tibère eût à coup sûr fait exécuter l'homme
jugé pour avoir vendu en même temps que sa maison une statue le représentant, si le consul n'avait
pas demandé son vote en premier[63] ; car honteux à
l'idée de paraître se gratifier lui-même, il vota
l'acquittement.

(8) Un certain Lentulus[64], sénateur, d'un naturel
bienveillant et très avancé en âge au moment des
faits, fut accusé d'avoir comploté contre l'Empereur. Lentulus en rit. Alors Tibère, devant le
trouble du Sénat, répliqua : « Je ne suis plus digne
de vivre si même Lentulus me déteste. » [Xiphilin,
140, 7 — 142, 18]

Livre 58*
Tibère

(1) (1) Il séjourna hors de Rome à partir de ce moment-là et ne revint jamais plus en ville, quoiqu'il préparât toujours son retour et l'annonçât alentour[1]. [Xiphilin, 142, 18-21]

(1a) Il fut source de nombreux malheurs pour les Romains, gaspillant les vies humaines dans les secteurs public et privé. Il décida par exemple de bannir les spectacles de chasse hors de la ville ; et comme certains essayaient, sous le coup de cette interdiction, de les organiser à l'extérieur, ils périrent dans leurs propres théâtres construits en planches de bois[2]. [Jean d'Antioche, *Fragm.* 79]

(1) Un certain Latiarius, compagnon de Sabinus qui était parmi les premiers citoyens de Rome, voulut faire plaisir à Séjan et cacha des sénateurs dans les combles de la maison où vivait Sabinus ; il entama alors une conversation avec lui. (2) Il émit quelques propos dont il avait coutume et amena l'autre à débiter également tout ce qu'il pensait. Car c'est bien le travail des délateurs amateurs que

---

* Le sommaire et le début de ce livre sont perdus.

de lâcher d'abord quelque calomnie et de révéler quelque secret afin que l'autre, soit qu'il ait entendu quelque chose, soit qu'il révèle un secret du même genre, tombe sous le coup d'une accusation. Car pour eux, dans la mesure où ils agissent de façon préméditée, la franchise est sans danger ; ils sont en effet convaincus de parler ainsi non pour exprimer leurs pensées, mais avec la volonté de compromettre leurs interlocuteurs ; tandis que ces derniers sont châtiés dès qu'ils lâchent le moindre mot qui sort de l'ordinaire ; (3) c'est bien ce qui arriva dans le cas présent : Sabinus fut jeté en prison le jour même, et ensuite mis à mort sans jugement ; son corps fut balancé du haut des escaliers (Gémonies) et précipité dans le fleuve. L'événement était déjà en lui-même dramatique aux yeux de tous ; mais un chien, le sien, redoubla encore l'émotion dramatique en l'accompagnant en prison, en restant tout près du cadavre pour se jeter finalement dans le fleuve avec lui[3].

(2) (1) Voilà donc ce qu'il advint. Au même moment Livie disparut, à l'âge de quatre-vingt-six ans. Et Tibère ne vint pas la voir durant sa maladie, n'exposa pas non plus son corps ; en fait il ne lui porta aucune marque d'honneur si l'on excepte les funérailles officielles, les images et autres détails de peu d'importance qu'il laissa faire. Mais la diviniser, il l'interdit formellement[4]. (2) Le Sénat ne se contenta pas d'entériner par son vote ce que Tibère avait ordonné, les sénateurs imposèrent aussi aux femmes le deuil en l'honneur de Livie pendant toute une année, tout en louant par ailleurs Tibère de ne pas négliger en cette circonstance la gestion des affaires. (3) Ils votèrent en outre l'érection

d'un arc de triomphe en son honneur, privilège accordé à aucune autre femme, parce qu'elle avait sauvé la vie de bon nombre d'entre eux, permis l'éducation de beaucoup d'enfants, doté bon nombre de filles, d'où le surnom de Mère de la Patrie que certains lui attribuaient. Elle fut inhumée dans le monument d'Auguste. [Xiphilin, 142, 21 – 143, 25]

(3a) Tibère ne distribua rien de ce que Livie avait légué aux gens. [Zonaras, 11, 2]

(4) On rapporte à son sujet beaucoup d'anecdotes devenues proverbiales, et en particulier qu'un jour, des hommes nus sont venus la voir et ont failli pour cela être mis à mort ; mais elle sauva leur vie, en disant que pour des femmes raisonnables de tels hommes sont tout à fait comme des statues. (5) À quelqu'un qui lui demandait comment et par quelles actions elle avait gagné une telle influence sur Auguste, elle répondit que c'est en étant elle-même très raisonnable, en agissant volontiers selon ses volontés, en ne s'occupant absolument pas de ses affaires, et en ne cherchant ni à savoir ni à entendre ce qui avait trait à ses plaisirs amoureux[5].

(6) Telle fut Livie ; et pourtant l'arc de triomphe voté en son honneur ne fut pas construit pour la bonne raison que Tibère offrait de le construire avec ses propres subsides. Il hésitait à annuler oralement le décret, mais dans les faits, il le sabota de cette façon, en interdisant que l'œuvre fût réalisée à partir du trésor public tout en ne l'exécutant pas lui-même.

(7) Séjan s'éleva encore plus haut, et on décida par un vote que son anniversaire serait fêté offi-

ciellement ; et la multitude de statues que le Sénat,
les chevaliers, les tribus et les citoyens de premier
ordre érigèrent pour lui sont tout simplement
innombrables. (8) Des envoyés lui étaient délégués
à titre privé par le Sénat, ainsi que par les chevaliers ; le peuple envoyait aussi des délégués à Tibère
et à lui, choisis parmi les tribuns et les édiles ; ils
faisaient les mêmes prières et les mêmes sacrifices
pour chacun d'eux et prêtaient serment sur leurs
Fortunes[6]. [Xiphilin, 143, 25 — 144, 19]

(3) (1) Tibère trouva l'occasion d'attaquer Gallus
qui avait épousé sa première femme et qui avait
usé, concernant le pouvoir, d'une grande liberté de
langage. En effet il flattait Séjan à ce moment-là,
soit qu'il le fît sincèrement à la pensée que Séjan
deviendrait Empereur, (2) soit par peur de Tibère,
soit encore avec une intention précise, pour le
rendre insupportable à Tibère lui-même et ainsi
causer sa perte ; il proposa en son honneur les
dispositions les plus glorieuses et s'efforça d'être
parmi les envoyés. Tibère de son côté écrivit au
Sénat au sujet de Gallus, notant entre autres choses
qu'il était jaloux de l'amitié de Séjan et de lui-
même, bien que lui aussi fût ami avec le Syriaque[7].
(3) Il ne dit rien de tout cela à Gallus, au contraire
il le traita fort correctement, si bien que ce qui lui
arriva était tout à fait inopiné, fait unique qui
n'arriva à personne d'autre : le jour même où il
banquetait chez Tibère, buvait à leur amitié, il était
condamné par le Sénat, si bien qu'un soldat fut
envoyé pour l'arrêter et le conduire au supplice.
(4) Pourtant, après avoir agi ainsi, Tibère ne lui
permit pas de mourir, malgré le désir de Gallus
aussitôt qu'il eut pris connaissance des décrets ; au

contraire, pour lui nuire encore plus, il <l'engagea
à> garder confiance et ordonna qu'il fût gardé sans
chaîne, jusqu'à ce qu'il revienne lui-même en ville.
C'était, selon ses propres mots, pour qu'il souffre le
plus possible, à la fois de la perte de ses droits
civiques, et de terreur. Et c'est ce qui arriva. (5) Car
il était continuellement surveillé de près par les
consuls (quand Tibère était hors de Rome ; autrement il était gardé par la garde prétorienne), non
pour éviter sa fuite, mais pour éviter son suicide.
Aucun compagnon ni aucun serviteur ne vivait avec
lui, il ne parlait à personne, ne voyait personne, si
ce n'est quand on le forçait à absorber quelque
nourriture. (6) Et cette nourriture était telle, en
qualité et en quantité, qu'elle ne lui donnait ni
plaisir ni force, et ne lui permettait pas non plus de
mourir. C'était bien là le plus insupportable. Tibère
agit ainsi avec bon nombre d'autres personnes[8].

Par exemple il emprisonna un de ses compagnons, et comme on discutait ensuite de son exécution il dit : « Je ne me suis pas encore réconcilié
avec lui. » (7) Un autre compagnon, après l'avoir
fait cruellement torturer, lorsqu'il eut appris qu'il
avait été condamné à tort, il le fit exécuter en toute
hâte, disant qu'il avait été outragé trop durement
pour pouvoir désormais vivre dignement. Un
Syriaque, coupable d'aucun forfait et même nullement accusé, jouissant au contraire d'une réputation d'homme cultivé, fut égorgé seulement pour
avoir été, de l'avis de Tibère, un ami de Gallus.
[*Exc. Val.* 191 : Xiphilin, 144, 19 — 145, 22]

(8) Séjan attaqua aussi Drusus par l'entremise de
sa femme[9]. En étant l'amant, pour ainsi dire, de
toutes les épouses de tous les hommes influents, il

apprenait tout ce que disaient et faisaient les maris ; de plus il les rendait complices de ses agissements en leur promettant le mariage. Alors, au moment où Tibère envoya simplement Drusus à Rome, Séjan redouta qu'il ne change d'avis et convainquit Cassius d'ourdir quelque chose contre lui. [*Exc. Val.*, 192]

(9) Quant à Séjan, Tibère l'éleva à un haut degré de gloire et en fit son parent, par son mariage avec Julie, la fille de Drusus (plus tard il le tua)[10]. [Zonaras, 11, 2]

(4) (1) Séjan devenait toujours plus important et redoutable, si bien que les sénateurs et les autres s'adressaient à lui comme à l'Empereur, faisant peu de cas de Tibère. En apprenant cela Tibère ne prit pas l'affaire à la légère ni ne la dédaigna, craignant qu'ils ne le désignent franchement comme Empereur. Il ne fit rien ouvertement ; (2) car Séjan s'était complètement concilié la garde prétorienne et avait gagné le soutien des sénateurs, soit par des bienfaits, soit par des promesses, soit encore par la peur qu'il inspirait ; et il s'était fait des amis de tous les compagnons de Tibère, au point qu'ils lui répétaient immédiatement absolument tout ce qui le concernait, tout ce qu'il disait et tout ce qu'il faisait, alors que personne ne dévoilait à Tibère ce que Séjan faisait. (3) Il l'aborda donc d'une autre manière, le nomma consul et lui donna le titre de « Partageur de ses soucis », reprenant à l'envi l'expression « mon Séjan », et l'écrivant clairement dans ses lettres au Sénat et au peuple. (4) Les hommes trompés par ces mots et y prêtant foi élevèrent partout des statues de bronze pour eux deux, écrivirent leurs deux noms dans des dédicaces, installèrent au théâtre deux sièges dorés. Et finalement ils furent élus consuls tous deux pour cinq ans, et on décida par vote qu'il y aurait une escorte pour venir à leur rencontre chaque fois qu'ils rentreraient à Rome. Et finalement ils sacrifièrent aux images de Séjan comme à celles de Tibère[11].

(5) Tandis que l'affaire Séjan se déroulait ainsi, beaucoup d'hommes de renom furent mis à mort, et parmi eux Caius Fufius Geminus. Accusé du crime de lèse-majesté envers Tibère, il apporta son testament au Sénat et l'y lut, montrant qu'il laissait des parts égales à ses enfants et à l'Empereur. (6) Sous le coup d'une accusation de lâcheté, il rentra chez lui avant le vote, et lorsqu'il apprit qu'un questeur venait le trouver pour exécuter la sentence il se porta lui-même un coup et montra sa blessure au questeur en disant : « Va dire au Sénat qu'il est mort ainsi, en homme. » Sa femme, Mutilia Prisca, qui était aussi l'objet d'une accusation, entra au Sénat et là, avec un poignard qu'elle avait dissimulé, elle se tua[12]. [Xiphilin, 145, 22 — 146, 30]

(7) Après cela il supprima Mucia [Mutilia] et son mari ainsi que leurs deux filles, à cause de leurs relations avec sa mère. [Jean d'Antioche, *Fragm.* 79]

(8) Sous Tibère tous les délateurs recevaient de l'argent et beaucoup de biens pris sur les possessions des victimes et sur le trésor public ; et en plus ils recevaient des honneurs. D'autres même, pour avoir affolé au hasard certaines personnes, ou avoir voté sans hésiter leur mort, obtenaient le droit aux images ou encore les honneurs du triomphe. Si bien que des hommes parmi les plus réputés, jugés

dignes de ce genre d'honneur, ne voulurent pas l'accepter afin de ne pas être mis sur le même plan que ces individus. [*Exc. Val.*, 193]

(9) Tibère, feignant une maladie, envoya Séjan à Rome en prétendant qu'il le rejoindrait bientôt ; il disait qu'on lui arrachait une partie de son corps et de son âme avec ce départ ; il l'embrassait, lui donnait des baisers pleins de larmes, si bien que Séjan s'enflait encore plus. [Pierre le Patrice, *Exc. Vat.*, 10]

(5) (1) Séjan était un personnage si important par l'enflure de son orgueil et l'ampleur de son pouvoir que, pour résumer, il avait l'air d'un Empereur et Tibère le gouverneur de quelque îlot, dans la mesure où il passait ses journées dans l'île nommée Capri. (2) Il y avait un zèle empressé et de grands rassemblements autour de sa porte, car on craignait de n'être pas vu par Séjan, ou bien encore de lui apparaître parmi les derniers. (3) Et chaque mot, chaque geste de la tête, surtout chez les hommes les plus influents, étaient surveillés de très près. Car ceux qui ont une situation influente du fait de leur noble famille ne réclament absolument les flatteries de personne, et si par hasard les flatteries ne viennent pas, ils n'en font pas un motif d'accusation contre eux, sachant fort bien qu'ils ne sont pas objet de mépris ; mais ceux qui jouissent de décorations usurpées recherchent avidement de telles flatteries, dans la mesure où elles sont indispensables pour asseoir leur dignité ; et s'ils ne les obtiennent pas, ils s'en irritent comme s'ils étaient attaqués, et se mettent en colère comme si on les outrageait. (4) C'est pour cette raison que les gens sont pleins de zèle à l'égard de tels gens, plus même, pour ainsi dire, qu'à l'égard des Empereurs eux-mêmes ; car chez les uns, s'ils sont victimes de quelque offense, le pardon fonctionne comme une vertu, mais chez les autres, le pardon semble être une preuve de faiblesse, tandis que l'attaque et la vengeance semblent assurer la consolidation du pouvoir. (5) Or, un jour de nouvel an, alors qu'une foule était rassemblée autour de la maison de Séjan, la banquette qui se trouvait dans la pièce d'accueil s'écroula sous le poids de tous ceux qui y étaient assis, et une belette, au moment où Séjan entrait chez lui, sortit de la maison et traversa la foule[13].

(6) Et lorsqu'il eut sacrifié sur le Capitole et redescendit sur le Forum, les serviteurs qui lui servaient de gardes du corps tournèrent et prirent la rue qui mène à la prison, incapables à cause de la foule de l'accompagner plus loin ; et en descendant les marches d'où étaient précipités les condamnés, ils glissèrent et tombèrent. (7) Ensuite, alors que Séjan prenait les auspices, aucun oiseau de bon augure ne se montra ; au contraire de nombreux corbeaux tournoyèrent et croassèrent autour de lui, puis volèrent en masse en direction de la prison et s'y perchèrent.

(6) (1) Ni Séjan ni personne d'autre ne prit à cœur ces présages. Car au vu de ce qui se passait alors, même si quelque divinité avait clairement indiqué qu'un énorme changement allait s'opérer en si peu de temps, personne ne l'aurait cru. (2) Ils prêtaient donc serment à satiété sur sa Fortune, le nommaient « Collègue de Tibère », faisant référence par là non au consulat mais au pouvoir suprême.

Tibère de son côté, n'ignorant plus rien de ce qui concernait Séjan et songeant à un moyen de le mettre à mort, ne trouvant rien qui puisse se faire en toute sécurité et ouvertement, entreprit d'une façon remarquable à la fois Séjan et les autres, pour connaître précisément leur pensée. (3) Il envoyait sans cesse à Séjan et au Sénat des nouvelles contradictoires sur lui-même, tantôt disant qu'il allait mal et qu'il était près de la mort, tantôt annonçant qu'il était en pleine forme et qu'il viendrait bientôt à Rome ; (4) quant à Séjan, parfois il chantait ses louanges, parfois il le blâmait durement, et il honorait certains de ses amis tout en en écartant d'autres. Si bien que Séjan oscillait entre un trop-plein de joie et un trop-plein d'angoisse, il était dans une incertitude constante ; (5) il n'avait jamais assez peur pour tenter quelque révolution puisqu'il était encore à l'honneur, ni assez confiance pour tenter un coup d'audace puisqu'il était aussi répréhendé ; et la foule écoutait aussi à intervalles réguliers des rapports contradictoires, elle ne pouvait plus ni admirer Séjan ni le mépriser ; quant à Tibère, elle hésitait entre le croire sur le point de mourir ou d'arriver à Rome, elle se trouvait dans un doute permanent.

(7) (1) Tout cela bouleversait Séjan, et il le fut encore plus lorsque sortit de l'une de ses statues une épaisse fumée ; et quand on eut enlevé la tête pour connaître la cause de l'incident, un long serpent en jaillit ; (2) on plaça alors bien vite une autre tête sur la statue, et comme Séjan s'apprêtait à offrir un sacrifice en son propre honneur, en accord avec le présage (car il sacrifiait en son propre honneur) [Xiphilin, 146, 30 — 149, 6], on

découvrit une corde enroulée autour du cou. Et
une statue de la Fortune qui avait, dit-on, appar-
tenu à Tullius autrefois roi de Rome, se trouvait
alors dans la demeure de Séjan, lequel en était très
fier ; mais, alors qu'il était en train de sacrifier, il la
vit se tourner vers lui <...>, (3) et ensuite d'autres
qui sortaient avec eux. Les gens regardaient tout
cela avec méfiance ; mais ignorant les pensées de
Tibère, tenant compte de ses caprices et de l'insta-
bilité des événements, ils gardaient un juste milieu ;
(4) en privé ils veillaient à leur propre sécurité, en
public ils flattaient Séjan, d'autant plus que Tibère
l'avait fait prêtre, avec Caius et son propre fils ; ils
lui donnèrent donc le pouvoir proconsulaire et ils
votèrent que tous les consuls désormais seraient
avertis du zèle à lui montrer dans la conduite de
leur charge. (5) Quant à Tibère, il l'honorait en
tant que prêtre, mais ne l'envoyait pas chercher ;
bien au contraire, comme Séjan demandait à se
rendre en Campanie sous prétexte que sa fiancée
était souffrante, Tibère lui enjoignit de rester où il
était, car, disait-il, lui-même allait arriver à Rome
sous peu.

(8) (1) Ainsi donc Séjan se retrouvait à nouveau
sous dépendance ; de plus Tibère donna une
charge de prêtre à Caius, chanta ses louanges, laissa
entendre qu'il lui laisserait la succession du trône.
(2) Séjan aurait bien déclenché un mouvement de
révolution, surtout que les soldats étaient alors disposés à lui obéir en tout, mais il savait bien que le
peuple était tout réjoui de ce qu'on disait sur Caius,
en plus du respect dans lequel on tenait la mémoire
de son père Germanicus ; il pensait, avant, qu'eux
aussi étaient de son côté, mais il se rendait compte

à présent qu'ils étaient plein de zèle pour les intérêts de Caius, et il perdit courage ; (3) il se mit à
regretter de n'avoir rien tenté pendant son consulat, tandis que les autres <...>. Telles en étaient les
raisons, avec en plus le fait que Tibère renonça à
poursuivre un ennemi de Séjan, un homme choisi
dix ans auparavant pour gouverner l'Espagne,
accusé de certains crimes sous l'influence de Séjan ;
Tibère, à cette occasion, décréta l'amnistie pour
tous ceux qui étaient destinés à gouverner une
région ou à assumer une charge publique ; (4) et
dans une lettre adressée au Sénat sur la mort de
Néron[14], il nomma Séjan simplement par son nom,
sans rien ajouter des titres habituels ; de plus il
interdit qu'on sacrifiât à aucun être humain, pour
la bonne raison qu'il existait des sacrifices à Séjan ;
et il interdit aussi qu'aucun honneur personnel fût
décrété, parce que de nombreux honneurs
l'avaient été pour Séjan. Il avait déjà depuis longtemps officialisé cette interdiction, mais à ce
moment-là, à cause de Séjan il la renouvela ; car
celui qui s'interdit ce genre de chose ne va pas la
permettre à autrui.

(9) (1) Devant ces événements on méprisait
Séjan encore davantage, si bien qu'il devenait de
plus en plus évident qu'on le fuyait et qu'on évitait
de rester seul avec lui. Lorsqu'il apprit la situation,
Tibère reprit confiance, voyant qu'il avait pour
alliés le peuple et le Sénat, et il entreprit de l'attaquer ; (2) il répandit le bruit qu'il allait lui donner
la puissance tribunicienne[15], pour pouvoir lui
confisquer sa garde le plus possible, et il envoya à la
Curie une lettre contre lui en la personne de
Nævius Sertorius Macro ; il avait placé en secret ce

dernier à la tête des gardes du corps et l'avait averti de tout ce qui devait être fait. (3) Macro entra à Rome de nuit[16], comme s'il venait pour toute autre raison ; il communiqua les instructions à Memmius Regulus, alors consul (son collègue était du côté de Séjan) et à Græcinius Laco, Préfet des vigiles. (4) À l'aube il monta sur le Palatin (le Sénat allait siéger dans le temple d'Apollon), tomba sur Séjan qui n'était pas encore entré et le trouva bouleversé parce que Tibère ne lui avait rien envoyé ; il lui redonna courage en lui disant en aparté et sous le sceau du secret qu'il lui apportait la puissance tribunicienne. (5) Séjan, tout réjoui par cette nouvelle, se rua dans la salle du Sénat. Macro renvoya dans leur camp les gardes qui étaient au service de Séjan et du Sénat, en leur dévoilant son autorité et en leur disant qu'il apportait une lettre de Tibère leur accordant des récompenses. (6) Il plaça alors les gardes de nuit à leur poste devant le temple, y entra, donna la lettre aux sénateurs et sortit avant qu'en soit lu le moindre mot ; il ordonna à Laco de monter la garde à cet endroit et se rua dans le campement, afin de prévenir toute insurrection.

(10) (1) Et pendant ce temps la lettre était lue. Elle était longue, ne comportait rien de spécifique contre Séjan ; elle commençait par divers autres sujets, ensuite un court blâme pour sa conduite, ensuite un autre sujet, et encore quelque reproche contre lui ; et tout à la fin, il disait qu'il fallait châtier deux sénateurs qui comptaient parmi ses intimes, et que lui-même devait être placé sous bonne garde. (2) Tibère ne donna pas franchement l'ordre de mettre à mort Séjan, non qu'il ne le souhaitât pas, mais il craignait de susciter par là

quelque trouble ; prétextant en outre de ne pouvoir faire en toute sécurité route vers Rome, il faisait venir un des consuls. Voilà donc ce que révélait la lettre, et on put entendre et voir à la suite de sa lecture des réactions nombreuses et variées. (3) Car au début, avant que la lettre fût dévoilée, on chantait les louanges de Séjan comme de quelqu'un qui allait recevoir la puissance tribunicienne, les sénateurs l'assuraient de leur soutien, jouissant d'avance des récompenses qu'ils recevraient et montrant bien qu'ils apporteraient eux aussi leur contribution ; (4) mais comme rien de tout cela ne se confirmait, comme ils entendaient absolument le contraire de ce qu'ils attendaient, ils tombèrent en plein embarras, suivi d'un profond rejet. Certains, assis près de lui, se levèrent et s'éloignèrent ; car cet homme dont l'amitié était précédemment d'un grand prix, ils ne voulaient plus rien partager avec lui, même son siège. (5) Ensuite, préteurs et tribuns l'entourèrent, pour l'empêcher de créer le moindre trouble, au cas où il se ruerait vers la sortie ; ce qu'il eût certainement fait s'il avait dès le début pu entendre un concert effrayant de reproches ; en réalité il traita à la légère chacun des points qui étaient lus, en les considérant de peu d'importance, pris isolément, et en espérant qu'aucun autre reproche, ou au pire rien qui soit fatal ne serait ajouté contre lui ; alors il laissa passer le temps et resta à sa place.

(6) Pendant la séance Regulus l'avait appelé, mais Séjan ne l'avait pas écouté, non par mépris (il était déjà bien humilié), mais parce qu'il n'avait pas l'habitude de recevoir des ordres. Mais lorsque le consul l'appela pour la deuxième et la troisième

fois, d'une voix forte et en le pointant du doigt : « Séjan, viens ici ! », Séjan lui demanda : « C'est moi que tu appelles ? » Finalement il se leva et Laco, qui était revenu, s'assit à côté de lui. (7) Et lorsqu'on eut fini de lire la lettre, tous d'une seule et même voix se mirent à crier et à lancer contre lui de dures paroles, les uns convaincus de s'être trompés, d'autres par affolement, d'autres encore pour renier leur amitié à son égard, d'autres enfin tout réjouis par sa disgrâce. (8) Regulus cependant n'appela pas au vote l'ensemble des sénateurs, ne proposa pas non plus sa mort à quiconque, de crainte que quelqu'un ne s'insurge et qu'il en surgisse des troubles (car Séjan avait bon nombre d'alliés et d'amis). Il demanda à un seul sénateur s'il fallait le mettre en prison, et, comme le sénateur était de cet avis, il fit sortir Séjan de la Curie et le conduisit en prison, accompagné des autres magistrats et de Laco.

(11) (1) Il faut vraiment avoir été le témoin d'une telle déchéance humaine pour que cela ne puisse plus jamais se reproduire nulle part. Car cet homme, que tous au petit matin escortaient jusqu'à la salle du Sénat comme un homme qui leur était bien supérieur, ils le traînaient à présent en prison comme un moins que rien ; cet homme qu'ils jugeaient digne de mille couronnes, ils l'entouraient à présent de chaînes ; (2) lui qu'ils protégeaient comme un maître, ils le gardaient à présent comme un esclave fugitif, découvrant sa tête qu'il tenait encore couverte ; lui à qui ils avaient accordé la toge de pourpre, ils le frappaient au visage ; cet homme devant qui ils s'agenouillaient, à qui ils sacrifiaient comme à un dieu, ils le conduisaient à

présent à sa mise à mort. (3) Et le peuple aussi
l'attaquait, lui reprochant à grands cris les exécutions par lui commanditées, le frappant pour
tous les espoirs déçus. Toutes ses images, ils les
mirent à terre, les frappèrent, les traînèrent comme
s'il s'agissait de l'homme lui-même ; et il devint
ainsi le spectateur de ce qui l'attendait. (4) Dans
l'immédiat il fut jeté en prison ; mais peu de temps
après, en fait le jour même, le Sénat se réunit tout
près de la prison, dans le temple de la Concorde, et
lorsqu'ils virent que le peuple était dans de telles
dispositions et qu'aucun prétorien n'était en vue,
ils votèrent sa condamnation à mort. (5) C'est ainsi
qu'il fut jugé et précipité du haut des escaliers ; la
populace outragea son corps pendant trois jours
entiers, puis son cadavre fut jeté dans le fleuve[17].
Ses enfants furent aussi condamnés à mort par
décret ; sa fille (qu'il avait fiancée au fils de Claude)
fut violée par le bourreau, sous prétexte qu'il était
impie de mettre à mort une vierge en prison. (6) Sa
femme Apicata ne fut pas condamnée, mais quand
elle apprit que ses enfants étaient morts, quand elle
vit leurs corps sur les marches de l'escalier, elle
s'enfuit et rédigea un texte sur la mort de Drusus,
dirigé contre sa femme Livilla qui avait provoqué
une querelle entre elle-même et son mari, cause de
leur séparation définitive ; elle envoya ce texte à
Tibère, et se tua[18]. (7) Et c'est ainsi que Tibère
reçut le texte, en prit connaissance, et en fit exécuter tous les protagonistes, dont Livilla. J'ai par
ailleurs entendu dire qu'il épargna Livilla, par
égard pour sa mère Antonia ; et c'est Antonia elle-
même qui, volontairement, laissa sa fille mourir de
faim. [Xiphilin, 149, 6 — 152, 1]

(12) (1) Mais tout cela eut lieu plus tard ; au moment du récit, un grand bouleversement secoua la ville. Car la foule, chaque fois qu'elle voyait quelqu'un qui avait été influent auprès de Séjan ou qui avait fait preuve de démesure à cause de lui, elle l'exécutait. (2) Les soldats également, dans la mesure où ils étaient soupçonnés de loyauté à l'égard de Séjan, dans la mesure aussi où les vigiles leur avaient été préférés pour leur fidélité à l'Empereur, les soldats perpétraient incendies et pillages, bien que tous les gradés aient été préposés à la garde de la ville sur l'ordre de Tibère. (3) Même le Sénat ne gardait pas son calme : tous ceux qui avaient flatté Séjan tremblaient de peur à l'idée d'une vengeance ; et ceux qui avaient accusé quelqu'un ou porté témoignage contre quelqu'un étaient remplis de crainte, soupçonnés qu'ils étaient d'avoir causé mort d'homme à cause de Séjan et non à cause de Tibère. Un très faible pourcentage restait confiant, à l'écart de ces craintes, dans l'attente de voir Tibère devenir moins malveillant. (4) Ils rejetaient leurs malheurs passés sur le défunt, comme cela arrive générale-ment, et n'attribuaient aucune faute à Tibère, ou très peu ; et encore, ils disaient qu'il n'était pas au courant de ces faits, ou bien qu'il les avait exécutés contraint et forcé. Voilà dans quel état d'esprit, en privé, chacun se trouvait ; mais publiquement ils votèrent unanimement, comme s'ils avaient été délivrés d'un maître abusif, de n'accorder aucun deuil pour Séjan, d'ériger une statue de la Liberté sur le Forum, (5) et de célébrer une fête en l'hon-neur de tous les magistrats et de tous les prêtres, ce qui n'avait jamais eu lieu auparavant ; de plus, le jour de la mort de Séjan serait fêté annuellement par des courses de chevaux et des chasses aux fauves, célébrées par les membres des quatre collèges sacerdotaux et par ceux des *Sodales Augustales*, encore une chose qui n'avait jamais eu lieu auparavant. (6) Ainsi, contre cet homme qu'ils avaient conduit à sa perte par d'excessives flatteries et des honneurs encore inouïs, ils votèrent des manifestations insolites même pour les dieux. Ils comprenaient bien clairement que c'était à cause d'eux qu'il avait perdu le sens des mesures, au point qu'ils interdirent aussitôt très clairement d'accorder des honneurs excessifs à quiconque et de prêter serment en invoquant n'importe quel nom qui ne serait pas celui de l'Empereur. (7) Néanmoins, malgré ces décisions votées comme sous l'influence d'une divinité, ils entreprirent peu de temps après de flatter Macro et Laco. Ils leur accordèrent beaucoup de cadeaux et d'honneurs, à Laco le rang d'un ex-questeur, à Macro celui d'un ex-préteur ; ils leur permirent d'assister avec eux aux spectacles et de revêtir la toge bordée de pourpre aux jeux Votifs. (8) Mais les deux hommes refusèrent ces honneurs ; car l'expérience encore toute fraîche les bouleversait. De même Tibère n'acceptait rien, même si de nombreux honneurs avaient été votés pour lui, et parmi eux la possibilité d'être alors nommé « Père de la Patrie », ou de fêter son anniversaire par dix courses de chevaux et un banquet pour les sénateurs ; au contraire il interdit à nouveau de rien envisager de la sorte.

(13) (1) Voilà donc ce qui se passait en ville ; Tibère se trouva un temps dans une grande angoisse, craignant que Séjan ne s'empare de la

Ville et ne fasse voile contre lui ; il fit donc préparer des bateaux, afin de s'enfuir si une telle situation survenait. D'après le témoignage de certains, il ordonna à Macro, si un soulèvement advenait, d'amener Drusus devant le Sénat et le peuple et de le proclamer Empereur. (2) Lorsqu'il apprit la mort de Séjan, il se réjouit, évidemment, mais il ne reçut pas la délégation qu'on lui avait envoyée, bien que bon nombre de sénateurs, de chevaliers et de gens du peuple aient été, comme auparavant, envoyés[19]. (3) Il repoussa même le consul Regulus, qui avait pourtant toujours veillé à ses intérêts et qui était venu à la demande même de l'Empereur pour assurer la sécurité de son voyage en ville.

(14) (1) Séjan avait donc détenu un immense pouvoir, plus que tous ceux qui avaient eu et auront après lui son rang, Plautianus excepté[20] ; et il disparut ainsi. Ses parents, ses compagnons, tous ceux qui l'avaient flatté et avaient proposé des honneurs en sa faveur, tous furent cités en justice ; (2) la majorité d'entre eux furent poursuivis pour les raisons même qui faisaient qu'on les avait enviés ; et leurs concitoyens les condamnaient sur des mesures qu'ils avaient précédemment votées. Nombreux furent les gens qui, jugés pour divers motifs et relâchés, furent accusés à nouveau et emprisonnés sous prétexte qu'ils n'avaient alors dû leur salut qu'à Séjan. (3) Même si aucune autre accusation ne pouvait être portée contre quelqu'un, le simple fait d'avoir été l'ami de Séjan suffisait à mériter un châtiment ; comme si Tibère n'avait pas été lui-même fou de Séjan et n'avait pas poussé les autres à montrer le même zèle. (4) Beaucoup le dénonçaient, en particulier ceux qui avaient été les plus

empressés auprès de Séjan ; car comme ils connais-saient parfaitement leurs semblables, ils n'éprou-vaient aucune difficulté à les rechercher et à les convaincre de culpabilité. C'est pourquoi, désireux de se sauver et d'obtenir de cette façon récompenses et honneurs, ils accusaient, témoi-gnaient contre des gens ; mais rien de ce qu'ils espéraient ne survint. (5) Tombant sous les mêmes accusations qu'ils portaient contre les autres, en raison de ces crimes, et parce qu'ils trahissaient leurs amis, ils moururent.

(15) (1) Parmi les gens poursuivis, bon nombre assistèrent à leurs procès et se défendirent eux-mêmes, usant à cette occasion d'un grand franc-parler ; mais plus nombreux furent ceux qui se tuèrent avant d'être arrêtés ; (2) ils agissaient ainsi surtout pour fuir l'outrage et l'humiliation (car tous ceux qui tombaient sous le coup d'une accusa-tion de ce genre, qu'ils fussent sénateurs ou cheva-liers, hommes ou femmes, ils étaient entassés dans la prison et, une fois condamnés, subissaient là leur peine, (3) ou bien étaient précipités du haut du Capitole par les tribuns ou même par les consuls ; puis leurs corps étaient tous traînés sur le Forum et jetés dans le fleuve) ; mais c'était aussi pour que leurs enfants puissent hériter de leurs biens, (4) car les biens de ceux qui s'étaient volontairement donné la mort avant leur jugement étaient rare-ment confisqués et Tibère voulait ainsi inviter les gens à devenir leur propre bourreau, pour ne pas avoir l'air de les avoir assassinés ; comme s'il n'était pas plus horrible encore de pousser quelqu'un à se tuer que de le livrer au bourreau.

(16) (1) Les biens de tous ceux qui n'étaient pas

morts ainsi furent confisqués ; on ne céda qu'une toute petite partie, et parfois rien du tout, à leurs accusateurs ; car Tibère commençait à tenir un compte scrupuleux de ses richesses. (2) C'est ainsi qu'il augmenta la taxe du un pour cent, une taxe qui n'était que de un demi pour cent, et il accepta en legs tout ce qu'on lui laissait ; et à peu près tout le monde lui laissait quelque chose, même ceux qui se tuaient, comme ils l'avaient fait pour Séjan tant qu'il vivait. (3) Et avec la même arrière-pensée qui l'avait empêché de confisquer les biens de ceux qui se tuaient, il transmettait toutes les accusations au Sénat, afin de dégager sa responsabilité (c'est ce qu'il croyait), et pour que le Sénat, en votant, commette lui-même l'injustice. (4) Il s'ensuivit que les gens comprirent très bien qu'ils mouraient les uns à cause des autres, et que Tibère autant que Séjan avait été le responsable des événements passés. Non seulement les accusateurs étaient maintenant traînés en justice, non seulement les auteurs de témoignages étaient à présent victimes d'autres témoignages, mais voilà qu'étaient arrêtés ceux qui avaient condamné les autres. (5) Tibère n'épargnait ainsi personne, il les utilisait même tous les uns contre les autres, personne <n'avait d'>ami sûr, mais tous se retrouvaient à égalité, le coupable et l'innocent, le craintif et l'intrépide, face au jugement des actes concernant Séjan. (6) Il décida plus tard de proposer une sorte d'amnistie : il accorda à ceux qui le voulaient de porter le deuil de Séjan (précisant bien qu'il n'accordait cet honneur à personne d'autre, conformément à un décret souvent promulgué) ; (7) mais en réalité il n'appuya pas cette décision, et peu de temps après il châtiait une foule de gens sous ce prétexte et sous d'autres reproches sans fondement, les accusant d'avoir outragé et tué ses plus proches parentes.

(17) (1) Lorsque les choses en furent arrivées là, que personne ne put plus nier qu'il prendrait un réel plaisir à se repaître de la chair de l'Empereur, un événement ridicule se déroula l'année suivante, sous les consulats de Cnæus Domitius et Camillus Scribonianus. (2) Il était d'usage depuis un certain temps que le jour du nouvel an, les sénateurs ne prêtaient plus serment l'un après l'autre, mais, comme je l'ai signalé[21], l'un prêtait serment et les autres acquiesçaient ; mais ce jour-là ils n'agirent pas ainsi, mais de leur propre chef, alors que personne ne les y obligeait, chacun jura pour lui-même, individuellement, comme si leur serment était ainsi plus valable. (3) En fait, auparavant et durant de nombreuses années, l'Empereur ne tolérait aucun serment concernant la gestion de son pouvoir, comme je l'ai déjà dit ; et il y eut aussi un autre fait ridicule : ils votèrent que Tibère pouvait choisir parmi eux le nombre qu'il voulait, et que de ce groupe, vingt seraient tirés au sort, armés de courtes épées, et qu'il pourrait les utiliser comme gardes du corps chaque fois qu'il entrerait dans le Sénat[22]. (4) Et comme à l'extérieur, tout proches, des soldats montaient la garde et que personne ne pouvait entrer, il était clair qu'une escorte lui était donnée pour se protéger des sénateurs eux-mêmes, ses seuls ennemis.

(18) (1) Bien sûr Tibère chanta leurs louanges, leur montra sa reconnaissance pour leur bonne volonté, mais repoussa leur proposition sous prétexte qu'elle était inédite. En réalité il n'était pas naïf au point de donner des épées à ces hommes qu'il détestait et qui le détestaient. (2) À la suite de ces mesures il se méfia sans cesse d'eux (le soupçon portait sur tout ce qu'ils entreprenaient hypocritement pour le flatter), il déclara qu'il était peu enthousiaste devant leurs propositions de décrets, il combla d'argent et d'honneurs les prétoriens, bien qu'il sût qu'ils avaient penché du côté de Séjan, pour qu'ils fassent preuve de meilleure volonté quand il les utiliserait contre les sénateurs ; (3) il put arriver qu'il loue les Pères conscrits, lorsqu'ils décidèrent que la paye des prétoriens devrait être tirée du trésor public ; pour parler de façon tout à fait exacte, il trompait les uns en paroles et s'alliait les autres par ses actes ; c'est ainsi que Junius Gallio proposa un jour d'accorder aux prétoriens en fin de service les sièges au spectacle dans le rang des chevaliers : (4) non seulement Tibère l'exila, lui reprochant de pousser les prétoriens à servir plutôt le Sénat que l'Empereur[23], mais lorsqu'il apprit que Gallio se disposait à faire voile sur Lesbos, il le priva de ce petit bonheur tranquille là-bas et le confia à la garde des magistrats, comme il l'avait fait pour Gallus. (5) Et pour convaincre encore davantage chacun des deux partis de l'état d'esprit dans lequel il se trouvait à leur égard, il obtint peu de temps après du Sénat que seuls Macro et des tribuns l'escortent jusque dans la Curie. Il n'avait certes pas besoin d'eux, lui qui ne songeait même pas à jamais revenir dans la Ville ; (6) mais il voulait leur montrer sa haine des sénateurs et sa bonne disposition à l'égard des soldats. Les sénateurs eux-mêmes approuvèrent cette décision ; ils ajoutèrent seulement un point au décret, précisant qu'ils seraient fouillés à leur entrée, de peur qu'ils ne cachent une arme sous le bras.

(19) (1) À cette même époque il épargna certains individus, bien qu'ils aient été en relation avec Séjan ; il épargna aussi le préteur Lucius Cæsianus et le chevalier Marcus Terentius. Il dédaigna la faute du premier qui, aux Floralies, avait fait jusqu'à la tombée de la nuit exécuter toutes les festivités par des hommes chauves pour se moquer de Tibère qui était chauve lui-même, (2) et avait alors éclairé les gens qui sortaient du théâtre grâce à cinq mille garçons le crâne rasé (Tibère, loin de se mettre en colère contre lui, feignit même de n'avoir rien entendu de tout ça, bien que tous les hommes chauves aient été appelés d'après lui *Cæsiani*) ; (3) quant à Terentius, jugé pour ses liens avec Séjan, non seulement il ne les nia pas, mais il affirma même avoir été très empressé et flatteur à son égard, puisque cet homme était tellement honoré par Tibère lui-même : « Par conséquent, si l'Empereur l'a traité à juste titre en ami, je n'ai pas commis la moindre faute ; (4) mais si l'Empereur, qui sait tout, s'est trompé, qu'y a-t-il d'étonnant à ce que je me sois trompé avec lui ? Car il faut que nous chérissions tous ceux qui sont honorés par l'Empereur, sans nous occuper de qui ils sont, mais il y a un seul critère à prendre en compte dans nos relations avec eux, c'est qu'ils plaisent à l'Empereur. » (5) Le Sénat le relaxa grâce à ces arguments ; bien plus : il réprimanda ses accusateurs, et Tibère se joignit à eux. Pison, le Préfet de la Ville, mourut, et Tibère l'honora de funérailles nationales, dont il gratifia aussi d'autres personnes. Et il choisit à sa place Lucius Lamia à qui il avait longtemps auparavant confié la Syrie, (6) et dont il disposait à Rome même. Il agit ainsi avec beaucoup d'autres ; il n'avait en réalité aucunement besoin d'eux, mais il feignait ainsi de leur accorder des honneurs. Au même moment Vitrasius Pollio, le gouverneur d'Égypte, mourut, et Tibère confia pendant un temps la région à Hiberus, un affranchi impérial.

(20) (1) Parmi les consuls, Domitius exerça sa charge durant toute l'année (car il était le mari d'Agrippine, fille de Germanicus), mais les autres l'exercèrent seulement autant qu'il plut à Tibère. Les uns, il les choisissait pour une période plus longue, d'autres pour une période plus courte ; certains étaient congédiés bien avant le temps fixé, à d'autres, il accordait un temps supplémentaire. (2) Il arriva qu'il installe pour toute une année un homme qu'il déposa ensuite, pour installer un autre à sa place, puis un autre encore ; ayant placé certains à la troisième place, au lieu de leur donner la deuxième place, il donnait à d'autres le titre de consul devant eux. (3) Et en ce qui concerne les consuls ces pratiques se renouvelèrent pendant pour ainsi dire tout son règne ; quant aux candidats aux autres postes, il choisissait ceux qu'il voulait et les envoyait à la Curie ; les uns, il les recommandait, et ils étaient alors choisis unanimement ; les autres étaient choisis selon leurs mérites, suivant l'assentiment général ou d'après un tirage au sort. (4) Après cela, ceux qui appartenaient au peuple et ceux qui appartenaient à la plèbe se rendaient dans leurs groupes respectifs se faire élire, pour respecter l'antique et divine loi comme on le fait encore aujourd'hui et pour donner une allure convenable à la chose. Si un jour on manquait de candidats, ou s'ils plongeaient dans des querelles inextricables, on en choisissait moins. (5) C'est ainsi que l'année suivante, quand Servius Galba (le futur Empereur) et Lucius Cornelius prirent le titre de consuls, il y eut quinze préteurs ; et cela se renouvela pendant de nombreuses années, si bien qu'il arriva que seize préteurs, ou bien un ou deux de moins soient choisis.

(21) (1) Tibère s'approcha de la Ville, et séjourna dans sa périphérie ; il ne franchit pas ses murs, bien qu'il n'en fût qu'à trente stades[24], et maria à cet endroit les dernières filles de Germanicus et Julia, la fille de Drusus[25] ; (2) et pour cette même raison Rome ne célébra pas non plus ces mariages, mais même à ce moment-là le Sénat traita de ses affaires habituelles et rendit la justice. (3) Car Tibère accordait la plus haute importance au fait que le Sénat se réunisse aussi souvent qu'il le fallait, que leur horaire ne subisse aucun retard et qu'ils ne concluent pas leurs séances plus tôt que prévu ; il envoyait même à cet effet de nombreuses missives aux consuls, et il leur ordonnait parfois de lire tout fort certains points ; il agissait ainsi pour d'autres affaires également, comme s'il ne pouvait pas écrire directement au Sénat ! Mais il envoyait aussi à la Curie non seulement des documents fournis par ses indicateurs, mais aussi les rapports obtenus par Macro grâce à la torture, si bien qu'il ne restait aux sénateurs qu'à prononcer la condamnation.

(4) Ensuite Vibulius Agrippa[26], un chevalier, se donna la mort en avalant du poison tiré d'une bague en pleine salle du Conseil, et Nerva se laissa mourir de faim de ne plus pouvoir supporter

l'entourage de l'Empereur ; surtout il ne supportait pas que Tibère eût remis à l'ordre du jour les lois sur les contrats instaurées sous César, où il voyait une source de graves conflits et de grande défiance, (5) et malgré les nombreuses injonctions de Tibère pour qu'il donne ses raisons[27], il ne consentait même pas à répondre. Tibère modifia donc les mesures sur les emprunts, il donna au trésor public vingt millions de drachmes[28] pour que les sénateurs puissent prêter sans intérêt pendant trois ans de l'argent à qui le voudrait ; il ordonna aussi de mettre à mort en un seul jour les plus bruyants des accusateurs ; (6) et comme un homme qui avait servi comme centurion voulait dénoncer quelqu'un, il interdit une telle initiative à ceux qui avaient servi dans l'armée, bien qu'il laissât sénateurs et chevaliers agir de la sorte. [Xiphilin, 152, 1 — 153, 20]

(22) (1) Bien sûr il fut loué pour cette attitude, et surtout du fait qu'il refusa maintes marques d'honneurs qui lui avaient été décernées pour cela, mais on lui reprochait ses amours, qu'il vivait sans pudeur avec des gens de la plus haute aristocratie, aussi bien hommes que femmes. (2) Ainsi son ami Sextus Marius était devenu grâce à cette amitié si riche et si puissant qu'une fois, alors qu'il s'était querellé avec un voisin, il l'hébergea pendant deux jours ; le premier jour il rasa complètement sa maison jusqu'au rez-de-chaussée, et le deuxième jour il la fit reconstruire encore plus grande et plus splendide ; (3) et comme son voisin se demandait qui avait agi ainsi il reconnut sa responsabilité dans les deux affaires, et il lui démontra qu'il savait et pouvait aussi bien se protéger contre quelqu'un et

récompenser de même. Or ce Marius avait une fille extraordinairement belle ; il l'envoya à l'écart pour que Tibère ne puisse pas la déshonorer ; il fut donc accusé d'avoir des relations avec elle, et fut pour cette raison mis à mort en même temps qu'elle[29]. (4) Tout cela valait à l'Empereur une honteuse réputation, et il était aussi taxé de cruauté pour la mort de Drusus et d'Agrippine ; car les gens pensaient que tout ce qui avait été tenté contre eux auparavant relevait de la responsabilité de Séjan, et ils espéraient que désormais ils étaient sauvés ; (5) lorsqu'ils apprirent qu'eux aussi étaient assassinés, ils furent extrêmement peinés ; en partie à cause de l'assassinat lui-même, mais aussi parce que Tibère, non content de ne pas inhumer les corps dans le monument impérial, ordonna de les cacher quelque part sous la terre de façon à ce qu'on ne puisse jamais les trouver[30]. À la suite d'Agrippine, Munatia Plancina mourut[31] ; bien qu'il la détestât, non pas à cause de Germanicus mais pour une autre raison, Tibère l'avait auparavant laissée vivre, pour éviter qu'Agrippine ne se réjouisse de sa mort.

(23) (1) Tout en agissant ainsi, il admit Caius au nombre des questeurs, mais pas de ceux des premiers rangs, et il promit qu'il gravirait les échelons des autres charges cinq ans avant l'âge requis, bien qu'il eût demandé au Sénat de ne pas le rendre vaniteux par des marques d'honneur multiples et prématurées, de crainte qu'il ne s'égare hors du droit chemin ; il avait aussi un petit-fils qui s'appelait également Tibère ; (2) mais il n'en faisait guère cas, d'abord à cause de son âge (il était encore un enfant), et aussi par méfiance (car il ne le pensait pas un fils de Drusus) ; il choisit donc Caius comme

futur Empereur, et il savait d'ailleurs pertinemment que Tibère ne vivrait pas longtemps et qu'il serait assassiné par Caius lui-même[32]. (3) Il n'ignorait certes rien de ce qui concernait Caius, mais il lui dit, un jour que Caius se querellait avec Tibère : « Toi, tu le tueras, et d'autres te tueront. » Mais n'ayant personne d'autre qui lui soit si proche, convaincu aussi que Caius deviendrait un fieffé coquin, (4) c'est avec plaisir, dit-on, qu'il lui donna l'Empire, pour que ses propres faiblesses soient effacées par les excès de Caius, et pour que la partie la plus importante et la plus noble de ce qui restait du Sénat périsse après lui[33]. On dit qu'il murmurait souvent ces mots anciens :

« À ma mort, que la terre soit mélangée au feu[34]. »

Souvent aussi il parlait de Priam comme d'un homme heureux parce qu'il avait vu détruire en même temps et de fond en comble sa patrie et son trône. (5) Et un bon témoignage de cette vérité à propos de Tibère se trouve dans les événements qui se déroulèrent à ce moment-là ; il y eut un tel nombre de sénateurs et d'autres personnes assassinés que, parmi les gouverneurs choisis par tirage au sort, les ex-préteurs assumèrent leur charge pour trois ans et les ex-consuls six ans, parce qu'on n'avait plus personne pour leur succéder. (6) Et quel nom donner à ces dignitaires à qui, dès le début, Tibère accorda une charge d'une durée indéfinie ? Parmi les hommes qui moururent alors, il y avait Gallus ; car c'est à peine si Tibère, selon ses propres mots, était alors réconcilié avec lui[35] . Et contre toute logique, il imposa à certains la vie comme un châtiment et à d'autres la mort comme un geste de bienveillance.

(24) (1) La vingtième année du règne de Tibère était arrivée et il séjournait dans la région d'Albe et de Tusculum, sans entrer à Rome ; les consuls Lucius Vitellius et Fabius Persicus célébrèrent sa deuxième décennie de règne ; c'est ainsi qu'ils l'appelaient, et non « période de vingt ans », montrant par là qu'ils lui confiaient à nouveau le pouvoir, comme ils l'avaient fait pour Auguste. (2) Mais au moment même où ils célébraient cette fête, ils furent châtiés ; car aucun de ceux qui étaient poursuivis à cette époque-là ne fut épargné, tous furent condamnés, la majorité par les lettres de Tibère et par les aveux obtenus par Macro sous la torture, les autres par les soupçons des deux hommes sur ce qu'ils projetaient. Mais on murmurait que si Tibère ne venait pas à Rome, c'est en fait qu'il ne voulait pas que sa présence lui attire la honte de tous ces châtiments. (3) Parmi tous ceux qui périrent sous la main des bourreaux ou de leur propre main, il y eut Pomponius Labeo. Cet homme, qui avait gouverné précédemment la Mysie huit ans de plus que la charge prévue, fut accusé de corruption avec sa femme, et il se tua volontairement en même temps qu'elle. Mamercus Æmilius Scaurus, de son côté, n'avait assuré aucune charge de gouverneur ni reçu aucun cadeau compromettant ; mais il fut poursuivi à cause de sa tragédie, et il tomba dans un malheur bien plus terrible que celui qu'il avait décrit. (4) Sa composition s'appelait *Atrée,* et comme chez Euripide il conseillait à un de ses sujets de supporter la folie de son dirigeant[36]. Quand il eut appris cela Tibère prétendit que l'œuvre avait été composée en relation avec lui, qu'il était Atrée de par son goût du sang, et il ajouta : « Moi, je vais faire de lui un

Ajax ». Il le poussa ainsi à se tuer. (5) Cependant il
ne fut pas poursuivi pour le motif ci-dessus, mais
pour ses relations avec Livilla. D'ailleurs beaucoup
d'autres furent châtiés à cause d'elle, certains à
juste titre, d'autres dénoncés par des calomnia-
teurs.

(25) (1) Alors que ces événements se déroulaient
à Rome, les régions soumises ne se tenaient guère
tranquilles. Dès qu'un jeune homme qui se prétendait Drusus apparut en Grèce et en Ionie, les cités
l'accueillirent chaleureusement et firent bloc avec
lui ; il serait allé en Syrie et aurait soulevé l'armée si
quelqu'un ne l'avait pas reconnu, arrêté et livré à
Tibère[37].

(2) Puis Caius Gallus et Marcus Servilius
devinrent consuls, et Tibère célébra à Antium les
noces de Caius[38]. Même pour ce motif il ne consentit pas à entrer dans Rome ; en effet, un certain
Fulcinius Trio[39], ancien ami de Séjan et fort prisé
par Tibère pour ses talents d'indicateur, y était
accusé, traduit en justice, et, de terreur, il anticipa
son jugement en se tuant lui-même, non sans avoir
lourdement injurié Tibère et Macro dans son testament. (3) Ses enfants n'osaient pas rendre public
son testament, mais lorsque Tibère apprit ce qui y
était écrit, il leur ordonna de l'apporter à la Curie.
Car il se préoccupait très peu de ces détails, et il
arriva qu'il révèle volontiers au public des accusations même tenues secrètes, comme s'il s'agissait
d'autant de louanges. (4) C'est ainsi qu'il envoya à
la Curie tout ce que Drusus, au plus profond de son
malheur et de sa souffrance, avait révélé. Trio mourut donc ainsi, de même que Poppeius Sabinus
qui avait gouverné pendant pour ainsi dire tout

le règne de Tibère, et jusqu'à cette date, les deux Mysies et la Macédoine. C'est très volontiers qu'il quitta la scène avant qu'une charge fût retenue contre lui. (5) Regulus lui succéda de la même manière ; et la Macédoine, d'après certains, ainsi que l'Achaïe, furent ajoutées à sa charge sans qu'il y eût tirage au sort[40].

(26) (1) Au même moment le Parthe Artaban, à la mort d'Artaxe, donna l'Arménie à son fils Arsace ; et comme Tibère ne l'en châtiait pas il attaqua la Cappadoce et se montra même très orgueilleux à l'égard des Parthes eux-mêmes. (2) Certains alors se soulevèrent et envoyèrent une délégation auprès de Tibère, réclamant un roi qui serait choisi parmi les hommes retenus en otages ; il leur envoya donc Phraate, fils de Phraate, puis à sa mort Tiridate, lui aussi de sang royal. (3) Et pour lui garantir un pouvoir royal aussi assuré que possible, il écrivit à l'Ibérien[41] Mithridate d'attaquer l'Arménie, pour qu'Artaban se porte au secours de son fils et quitte ainsi son pays. C'est ce qui advint, même si Tiridate régna peu de temps ; car Artaban, avec l'aide des Scythes, le chassa assez facilement. (4) Voilà ce qu'il en était des affaires parthes, et pendant ce temps Mithridate, probablement fils de l'Ibérien, frère de Pharasmane qui régna après lui sur les Ibériens, s'empara de l'Arménie[42].

(5) Sous le consulat de Sextus Papinius et Quintus Plautius, le Tibre inonda une bonne partie de la Ville si bien qu'on se déplaçait en bateau, et une plus grande partie encore fut détruite par le feu, autour du Cirque et de l'Aventin. Tibère donna vingt millions de drachmes à ceux qui avaient souffert de ce dernier désastre[43].

(27) (1) Si les affaires égyptiennes concernent quelque peu l'histoire des Romains, précisons que le Phénix fut aperçu cette année-là ; tous ces événements parurent annoncer la mort de Tibère. C'est à ce moment-là que mourut Thrasylle, et l'Empereur mourut au printemps suivant, sous le consulat de Cnæus Proclus et Pontius Nigrinus. (2) Il se trouve que Macro avait comploté contre de nombreuses personnes et en particulier contre Domitius, il avait manigancé des plaintes et des témoignages obtenus sous la torture. Mais tous les accusés ne furent pas mis à mort, grâce à Thrasylle qui conseilla Tibère très intelligemment. (3) Car en ce qui le concernait, il annonça de façon très précise et le jour et l'heure de sa mort, mais à propos de Tibère il mentit en prétendant qu'il vivrait encore dix ans ; il agissait ainsi pour que Tibère, convaincu d'avoir encore une longue vie, ne s'empresse pas de les mettre à mort. C'est bien ce qui arriva : persuadé qu'il lui serait encore possible d'agir longtemps comme bon lui semblerait, Tibère ne hâta rien, et ne s'irrita même pas contre le Sénat quand celui-ci, devant les revirements des accusés par rapport aux témoignages obtenus sous la torture, retarda les châtiments. (4) Mais une femme qui s'était frappée elle-même fut transportée jusque dans la Curie, puis, de là, en prison où elle mourut ; Lucius Arruntius lui aussi, un homme de renom par son âge et son éducation, se tua volontairement, bien que Tibère fût malade et jugé condamné. Car Lucius connaissait les vices de Caius et désirait quitter la scène avant même d'en faire l'expérience ; il disait : « je ne peux pas, à mon âge, devenir l'esclave d'un tel nouveau maître[44]. » (5) Les autres furent sauvés, certains alors même qu'ils avaient été condamnés, parce qu'il était illégal de les exécuter avant les dix jours écoulés, d'autres parce que leur procès était à nouveau ajourné, dans la mesure où on avait appris le très mauvais état de santé de Tibère.

(28) (1) Il mourut à Misène sans avoir rien su de ces procès. Il était malade depuis longtemps, mais comme il pensait vivre encore, sur la foi des prophéties de Thrasylle il ne consulta pas ses médecins, ne changea rien à son mode de vie ; (2) mais souvent, comme cela arrive dans la vieillesse et quand on souffre d'une maladie bénigne, il se consumait lentement, manquait parfois de mourir puis se remettait[45] ; de tout cela s'ensuivaient une grande joie chez les gens et en particulier chez Caius, car Tibère allait mourir, et une grande crainte quand on pensait qu'il se remettait. (3) Caius eut peur qu'il se remette véritablement : il refusa de lui donner à manger comme Tibère le lui demandait, sous prétexte que cela lui ferait mal, et l'enveloppa de nombreux et épais manteaux comme si Tibère avait besoin de chaleur ; c'est ainsi qu'il l'étouffa, avec l'aide dans une certaine mesure de Macro[46]. (4) Comme il savait que Tibère était désormais gravement malade, Macro était plein de zèle à l'égard du jeune homme ; il l'avait même poussé dans les bras de sa propre épouse Ennia Thrasylla[47]. Tibère avait là-dessus des soupçons et lui avait dit un jour : « c'est à bon droit que tu abandonnes le soleil couchant pour le soleil levant. »

(5) C'est ainsi que Tibère, doté de multiples qualités et de nombreuses infamies, usant des unes

et des autres comme si elles étaient seules en lui, quitta la scène en ce vingt-sixième jour de mars[48]. Il vécut soixante-dix-sept ans, quatre mois et neuf jours, régna vingt-deux ans, sept mois et sept jours. On lui fit des funérailles nationales et son éloge fut prononcé par Caius[49]. [Xiphilin, 153, 17, 20 — 155, 11-27]

Livre 59
Vie de Caligula

L'histoire de Caligula commence en parfait contraste avec celle de Tibère, ce qui laisse bien présager de l'avenir :

— ces débuts sont aussi faciles et baignant dans l'enthousiasme que ceux de Tibère avaient été ternes et hésitants ;

— il se montre dès les premières semaines généreux (59, 2, 1) alors que Tibère prônait l'économie, voire l'avarice ;

— il a le goût du plaisir, des grands spectacles, rappelle les acteurs (59, 2, 3) que Tibère avait bannis ;

— sa façon de distribuer les legs de Livie s'oppose à la haine que Tibère vouait à sa mère ;

— il accepte tous les titres (59, 3, 2) que Tibère avait refusés ;

— c'est un spécialiste de l'adultère (59, 3, 3) alors que Tibère était l'homme d'une seule femme, sa première épouse Vipsania ;

— et il se montre magnanime à l'égard de tous ceux que Tibère avait proscrits (59, 6, 2).

Tout en mettant en scène un Prince aussi différent de Tibère, jeune de surcroît alors que Tibère était déjà âgé à son arrivée au pouvoir, Dion Cassius laisse pointer malgré tout quelques signes inquiétants : Caius est inconstant, on ne sait comment il va réagir, on ne sait comment se comporter avec lui (59, 4, 2) ; il dit du mal de Tibère puis chante ses louanges, interdit qu'on lui élève des statues puis se consacre des images, aime tour à tour la foule et la solitude, épargne et dépense sans raison apparente ; ce comportement rappelle étrangement le manège de Tibère qui déstabilisait systématiquement son entourage par ses réactions imprévisibles. Se peut-il que deux caractères aussi différents en arrivent à se comporter, dans une situation de pouvoir, de la même façon ? La fonction d'Empereur et la manière dont elle est exercée amènent-elles inévitablement la tyrannie ?

Le fait est que dès le § 5, c'est l'escalade : « Les actes de Tibère, même s'ils étaient considérés comme très cruels, furent aussi loin de ceux de Caligula que l'avaient été ceux d'Auguste par rapport à Tibère. » Et le livre 59 est une suite d'exécutions et d'actes iniques. Caligula est mort très jeune, d'où un texte relativement court comparé aux deux livres consacrés à Tibère, mais il est dense et riche d'informations, surtout si l'on songe que les Annales *de* Tacites *consacrées au règne de Caligula ne nous sont pas parvenues.*

Ce funeste changement depuis les débuts euphoriques est mis par Dion Cassius sur le compte de la maladie du Prince, et avec le style lapidaire qu'il affectionne, il dessine un Empereur qui bascule dans l'horreur : « Il tomba ensuite malade ; il n'en mourut pas mais il fit mourir Tibère (...) À partir de ce moment-là, Caligula fit mettre à mort quantité d'autres gens. » On sait à présent que cette maladie de 37 n'est pas la crise d'épilepsie qu'on a longtemps crue : l'épilepsie de Caligula ne se manifesta pratiquement plus après son adolescence ; cette maladie fut sans doute à la fois physique et psychique, et elle ne fut certainement pas la cause de la détérioration du Princi-

pat, le tournant du règne comme on a voulu commodément le croire ; pour les Anciens, les troubles mentaux relevaient du physique, d'où leur volonté de faire coïncider ce changement de comportement avec une maladie clairement déclarée[1], mais la réalité fut sans doute plus compliquée.

Cependant il est un aspect du Principat qui ressemble étrangement à ce que Tibère avait vécu avant lui : une hostilité sourde, puis déclarée, avec les sénateurs, après l'euphorie des débuts. On retrouve la même escalade dans la lâcheté et la veulerie, la même inquiétude du Sénat qui cherche lamentablement à s'adapter à l'humeur du Prince au lieu de tenir son rang : « le Sénat apprit qu'il paradait de la sorte et ne savait s'il fallait garder le silence ou lui décerner des éloges » (59, 25, 4). Et Caligula sait fort bien leur dire qu'ils sont les grands responsables, par leur lâcheté même, de la dégradation de la situation : « C'est vous qui vous êtes conduits de façon insensée (...), c'est vous qui avez tué Séjan en le gonflant et en le pervertissant ; d'ailleurs de vous, je n'ai rien à attendre de bon » (59, 16, 4). Les sénateurs en arrivent à remercier Caligula de ne pas les tuer : « ils firent grand éloge du Prince, homme de vérité et de piété, lui vouant une grande reconnaissance de ne pas les avoir exécutés. » Comment espérer dans ces conditions instaurer une collaboration sereine et efficace du Prince et du Sénat ?

Si Dion Cassius met bien en valeur la responsabilité du Sénat et de tous les magistrats dans l'évolution du régime en tyrannie[2], il ne fait rien pour, sinon justifier, du moins expliquer certains comportements étranges de Caligula, en particulier ses énormes besoins d'argent qui, avec sa cruauté, constituent la grande caractéristique de son règne. Dion a tendance à tout rejeter sur son goût immodéré pour les spectacles qui exigeaient de plus en plus d'argent (nouveau Cirque, combats de gladiateurs de plus en plus nombreux...). Certes ce besoin existait et les jeux coûtaient très cher ; mais Dion ne dit rien, ou presque rien, des volontés de conquête de Caligula : expédition en Germanie, en direction de la Bretagne, projets qu'il aura la sagesse d'ajourner, vu le manque de préparation de ses troupes, mais que Claude mènera à bien après lui. Dion n'en garde que les aspects cocasses (le butin de coquillages sur les plages...) sans montrer que le projet était d'envergure, et pour tout dire, tout à fait sensé, puisque son successeur l'a repris et achevé.

Une autre lacune : l'évocation si rapide et tendancieuse de la conjuration de Gétulicus, qui vit parmi les conjurés, outre Gétulicus lui-même, Lépide et les propres sœurs de Caligula (59, 22, 5-9). Le Prince châtia durement cette conjuration, mais Dion présente ces châtiments comme autant de caprices de Caius qui prend plaisir à nuire à Lépide, à ses sœurs, qui exécute Gætulicus, « un homme renommé entre tous », sans que soit réellement exposé le danger que ce complot avait fait courir au Prince ; Caligula a surtout fait la preuve, à cette occasion, de sa redoutable efficacité quand il s'agit de mettre fin à une opposition, mais Dion n'en garde que les aspects en apparence irrationnels, preuves d'une folle tyrannie.

C'est dire que le portrait brossé par Dion Cassius est à nuancer : tout n'était pas caprice chez Caligula, loin s'en faut ; mais l'historien a très efficacement su montrer la part de responsabilité de l'entourage du Prince. Tibère était devenu Prince de mauvais gré, mais il faisait des efforts au début, pour redonner au Sénat sa dignité, pour se faire aimer du peuple, fort sans doute des principes républicains inculqués par son père Tiberius Claudius Nero. Peine perdue : l'incompréhension, la lâcheté du Sénat et sa propre maladresse le transformèrent en tyran assoiffé de vengeance. Caligula était devenu Prince sous de bien meilleurs auspices et tout laissait imaginer un avenir radieux : mais le même processus se met lentement en place ; la maladie faisant le reste, on assiste encore à la même évolution du Prince en tyran.

Ce qui veut dire que quel que soit l'homme au pouvoir, jeune ou vieux, enthousiaste ou hésitant, gai ou taciturne, s'il n'existe pas un solide corps de magistrats pour l'aider à gouverner sans complaisance ni flagornerie, le Prince deviendra malgré ses propres efforts un homme corrompu. Est-ce le secret de la grande longévité de Dion Cassius dans la magistrature romaine ? Dion côtoya six Empereurs, il sait donc de quoi il parle...

Sommaire

Ce qui suit se trouve dans le livre **59** de *l'Histoire Romaine* de Dion Cassius :

a. Sur Caius César, nommé aussi Caligula (**1-5**)

b. Comment le sanctuaire d'Auguste fut dédicacé (**7**)

c. Comment les Mauritaniens tombèrent sous domination romaine (**25**)

d. Comment Caius César mourut (**29-30**)

Recouvre la durée de consulat de Cnæus Acerronius et Pontius Nigrinus, plus trois autres années pendant lesquelles on dénombra les magistrats suivants :

Marcus Aquila Julianus, fils de Caius,
Publius Nonius Asprenas, fils de Marcus, [38]

Caius César Germanicus (pour la IIe fois),
Lucius Apronius Cæsianus, fils de Lucius, [39]

Caius César (pour la IIIe fois), [40]

Caius César (pour la IVe fois),
Cnæus Sentius Saturninus, fils de Cnæus [41].

(1) (1) Voilà donc ce qu'on rapporte au sujet de
Tibère ; lui succéda Caius, fils de Germanicus et
d'Agrippine, que l'on nommait aussi, comme je l'ai
signalé[3], Germanicus et Caligula. Tibère avait en
fait laissé le pouvoir suprême à son petit-fils
Tibère[4] ; (2) mais Caius fit parvenir au Sénat les
dispositions testamentaires par l'intermédiaire de
Macro[5], les rendit caduques grâce à l'intervention
des consuls et grâce à d'autres qu'il avait placés là à
cet effet, invoquant la folie du testataire qui remettait les rênes à un enfant qui n'avait même pas
encore le droit d'entrer dans la Salle du Conseil.
(3) C'est ainsi que promptement, à cette époque,
Caius lui enleva le pouvoir ; et plus tard, bien que
l'ayant adopté, il le fit assassiner[6]. Cependant
Tibère avait consigné les mêmes dispositions de
plusieurs manières, comme s'il leur donnait par là
plus de force, et toutes ces consignes avaient été
alors lues par Macro devant les Anciens. Mais dans
les faits, devant l'insensibilité, devant la volonté de
puissance d'un successeur, aucune recommanda-
tion ne tient. (4) Tibère subit en cela ce qu'il avait
infligé à sa mère ; sauf qu'il n'avait payé à personne
les legs prévus dans les dispositions de sa mère,
alors que tous ceux qui étaient consignés dans ses
propres dispositions furent acquittés, excepté ceux
qui concernaient son petit-fils. D'où il appert clairement que tout ce qui entoure le testament fut un
complot organisé contre le jeune garçon. (5) Il
était bien sûr possible à Caius de ne pas rendre ces

dispositions publiques (il n'en ignorait certes pas les clauses) ; mais comme beaucoup de gens les connaissaient, comme on pouvait s'attendre à ce que la faute retombât sur lui, dans le premier cas, et vraisemblablement sur le Conseil, dans le deuxième cas, il préféra faire annuler le testament par le Conseil plutôt que de les dissimuler[7].

(2) (1) De plus, en donnant aux autres Romains tous les legs de Tibère, comme si tout provenait de lui-même, il acquit auprès de la multitude une certaine réputation de générosité[8]. C'est ainsi qu'ayant assisté avec les Anciens à l'entraînement de la garde prétorienne[9], il leur distribua leur part de legs qui s'élevait à environ deux cent cinquante drachmes[10], à laquelle il ajouta une autre somme équivalente ; (2) et au peuple il donna onze millions deux cent cinquante mille drachmes[11] (c'est ce qui lui avait été laissé), avec en plus les soixante drachmes[12] par personne qui ne leur avaient pas été données au moment où Caius avait pris la toge virile, avec un intérêt de quinze autres drachmes[13]. (3) Aux soldats des gardes urbaines et aux vigiles, à ceux qui servaient régulièrement hors d'Italie, et à tous les contingents postés dans les petites garnisons, il paya les legs qui leur avaient été laissés ; cela représentait environ cent vingt-cinq drachmes pour les gardes urbains[14], et pour tous les autres quatre-vingt-cinq[15]. (4) Il agit de la même façon avec les dispositions testamentaires de Livie, payant tous ses legs. Et s'il avait dépensé correctement le reste de l'argent, on l'eût considéré comme magnanime et magnifique. Certaines dépenses furent faites, il est vrai, par crainte du peuple et des soldats, mais la plupart furent spontanées ; car il acquitta les legs non seulement à ces groupes mais aussi aux particuliers, que ce soient les legs de Tibère ou ceux de son aïeule[16]. (5) Mais en réalité c'est sans compter qu'il dépensa pour les acteurs (car il les avait aussitôt rappelés), les chevaux, les gladiateurs et autres amusements de ce genre, et les réserves, immenses en l'occurrence, se vidèrent très vite ; il montra ainsi qu'il n'avait agi que poussé par le laisser-aller et le manque de jugement. (6) Bien qu'ayant trouvé dans les réserves cinq cents millions et sept mille cent drachmes[17], ou selon d'autres sources quatre-vingt millions deux mille cinq cents[18], au bout de trois ans il n'avait pu en sauver la moindre partie, et dès l'année suivante il eut besoin d'énormes sommes.

(3) (1) Pour tout dire, il agissait dans tous les domaines de cette façon-là : considéré dans les premiers temps comme très démocratique, au point de ne pas imposer le moindre édit au peuple ni au Conseil, au point de ne s'attribuer aucun des titres des Princes, il devint ensuite le plus absolu des monarques ; (2) si bien que tous les titres qu'Auguste, tout au long de son règne, n'avait acceptés qu'avec peine, décernés un à un par décret, titres que Tibère avait en partie complètement rejetés[19], Caius les reçut en une seule journée. Si l'on excepte l'épiclèse de « Père », il n'en différa aucune ; et même celle-ci, il se l'appropria peu de temps après[20]. (3) Il était d'entre les hommes le plus enclin à l'adultère : il enleva une femme alors qu'elle était fiancée, il arracha des épouses à leur mari, et les prit toutes en haine, sauf une ; il l'eût du reste haïe aussi s'il eût vécu plus longtemps. Il fit preuve d'un respect infini à l'égard de sa mère,

de ses sœurs et de son aïeule Antonia ; (4) il pro-
clama immédiatement cette dernière Augusta et
Prêtresse d'Auguste, il lui décerna en une seule fois
tous les privilèges des vestales[21] ; il accorda aussi à
ses sœurs ces mêmes privilèges, ainsi que le droit
d'assister aux jeux du cirque sur les mêmes premiers bancs que lui, et l'honneur d'être associées
aux vœux que chaque année les magistrats et les
prêtres prononcent pour le salut du Prince et du
peuple, ainsi qu'aux serments que l'on prête à
l'autorité du Prince[22]. (5) Les ossements de sa mère
et de ses frères morts, il alla lui-même lors d'une
traversée les recueillir de ses propres mains, et il les
déposa dans le monument d'Auguste, revêtu de la
toge de pourpre et escorté de licteurs, comme lors
d'un triomphe[23]. (6) Il abrogea tous les décrets
portés contre eux, châtia tous ceux qui leur avaient
nui, et rappela ceux qui avaient été exilés à cause
d'eux. Mais après avoir agi ainsi, il devint le plus
impie des hommes, que ce soit à l'égard de son
aïeule ou de ses sœurs ; son aïeule, il la poussa à se
donner la mort à la suite d'un quelconque
reproche qu'elle lui avait adressé[24] ; quant à ses
sœurs, il les déshonora toutes, en séquestra deux
sur une île tandis que la troisième était déjà morte.
(7) Il décida que Tibère, qu'il appelait son aïeul,
obtiendrait du Conseil les mêmes honneurs
qu'Auguste[25] ; mais ensuite, comme ces honneurs
n'étaient pas immédiatement décrétés (les sénateurs ne voulaient pas assumer la responsabilité
d'honorer Tibère mais n'osaient pas non plus le
taxer d'infamie car ils ne connaissaient pas encore
clairement les idées du jeune homme ; aussi retar-
daient-ils tout jusqu'à son arrivée), il ne décida rien

d'autre que des funérailles officielles et, ramenant le corps de nuit à Rome, il le fit exposer dès l'aube. (8) Il prononça lui-même l'éloge funèbre, mais fit moins la louange du défunt que le rappel auprès du peuple des souvenirs d'Auguste et de Germanicus, en se comparant lui-même à eux[26].

(4) (1) Il était en toutes choses d'une inconstance telle que non seulement il se mit à copier l'impudence et la soif de sang de Tibère qu'il avait pourtant critiquées, en les dépassant même, mais les qualités qu'il avait louées, il ne les imita pas. (2) Il fut le premier à l'insulter, le premier à l'outrager, si bien que les autres, pensant de cette façon lui être agréables, usaient avec Tibère d'une brutale franchise ; ensuite il le flatta et le glorifia, au point de châtier certains pour ce qu'ils avaient dit. D'un côté il détestait certaines personnes en tant qu'ennemis de Tibère, à cause de leurs injures, mais d'un autre il détestait ceux qui le louaient, sous prétexte de leur amitié pour lui. (3) Bien qu'ayant supprimé les accusations de lèse-majesté, il fit périr de nombreuses personnes pour ce motif. Et après avoir renoncé, comme il disait, à sa colère contre ceux qui s'étaient opposés à son père, à sa mère et à ses frères, après avoir brûlé leurs lettres, il fit exécuter bon nombre de gens à cause de ces mêmes lettres ; en fait il avait vraiment détruit quelques lettres, mais non pas celles, manuscrites, qui présentaient une preuve rigoureuse, seulement celles qu'il avait reproduites. (4) De plus, alors qu'il avait au début interdit qu'on lui élevât des statues, il entreprit de se consacrer des images ; il supprima aussi un décret instaurant des sacrifices à sa Fortune, au point qu'il le fit graver sur une

stèle, mais il imposa ensuite temples et sacrifices en
son honneur, comme à un dieu. (5) La foule, la
solitude lui plaisaient tour à tour ; qu'on lui demandât quelque chose ou qu'on ne lui demandât rien,
il se fâchait. C'est avec une très grande promptu-
tude qu'il se portait vers certaines affaires, et il en
est d'autres qu'il assumait avec une très grande
nonchalance. L'argent, il le dépensait sans compter, mais il thésaurisait aussi de façon sordide. Ceux
qui le flattaient, ceux qui lui parlaient librement, il
les traitait pareillement avec irritation et joie. (6) Il
négligea de châtier beaucoup de grands criminels,
et mit à mort beaucoup de grands innocents.
Quant à ses compagnons, il en flattait certains sans
mesure, pendant qu'il outrageait les autres à
l'excès. Si bien que personne ne savait quoi dire ni
comment agir avec lui, et si certains connaissaient
quelque succès, il était dû davantage au hasard qu'à
leur jugement[27].

(5) (1) Voilà à quelle sorte d'Empereur les
Romains furent livrés ; si bien que les actes de
Tibère, même s'ils étaient considérés comme très
cruels, furent aussi loin de ceux de Caius que
l'avaient été ceux d'Auguste par rapport à Tibère.
(2) Car Tibère exerçait lui-même le pouvoir, il
utilisait les autres comme exécuteurs de sa propre
volonté ; tandis que Caius était au pouvoir des
conducteurs de chars et des gladiateurs ; il était
l'esclave de danseurs et de tous ces gens qui vivent
de la scène[28]. Par exemple il avait toujours à ses
côtés, même en public, Apelle, le plus célèbre tragédien de l'époque. (3) Par suite, Caius de son côté
et ces gens-là du leur firent impunément tout ce
que des créatures de ce genre peuvent oser quand

ils ont le pouvoir. C'est pourquoi, tout ce qui concernait leur art, Caius l'organisait et l'installait en toute occasion avec une générosité extrême, et il forçait préteurs et consuls à en faire autant, si bien qu'il se passait quelque chose presque chaque jour. (4) Au début il était leur spectateur, leur auditeur, il les félicitait ou les blâmait comme n'importe qui dans la foule ; un jour, irrité par ceux qui s'opposaient à lui, il ne vint pas au spectacle ; mais avec le temps, il en arriva à rivaliser et même à se mesurer avec bon nombre d'entre eux : (5) il conduisit des chars, se fit gladiateur, se livra à la danse, et tint un rôle dans une tragédie. Et ces occupations devenaient permanentes ; un jour il fit venir tard dans la nuit les plus importants membres du Sénat, comme pour un conseil d'importance, et il dansa pour eux[29].

(6) (1) L'année où Tibère mourut et où Caius s'installa à la tête de l'Empire, il commença par flatter généreusement les sénateurs, en présence des chevaliers et de quelques plébéiens présents au Sénat : il partagerait le pouvoir avec eux, promit de faire tout ce qui leur plairait, en se disant leur fils et leur nourrisson[30]. (2) Il avait alors vingt-cinq ans, moins cinq mois et quatre jours. Ensuite il libéra de prison ceux qui y étaient détenus, dont Quintus Pomponius, qui resta après son consulat sept longues années dans les tourments de cet établissement[31] ; les accusations de lèse-majesté qu'il voyait peser le plus lourdement sur la population, il les abolit ; (3) il rassembla prétendument tous les dossiers que Tibère avait laissés et les brûla, en déclarant : « Si je l'ai fait, c'est pour que, même si je suis amené à garder un jour rancune à quelqu'un, à

cause de ma mère et de mes frères, je sois dans l'impossibilité de le punir. » (4) Il fut loué pour ces propos, et en même temps on se prit à espérer qu'il ferait triompher la vérité plus que les autres, parce que son jeune âge le rendait incapable, pensait-on, de penser ou parler avec perfidie ; il augmenta encore leurs espoirs en ordonnant que les Saturnales soient célébrées au moins cinq jours, et en ne demandant qu'une obole[32] à ceux qui recevaient l'allocation de grains, au lieu de la drachme qu'ils donnaient à l'Empereur pour la fabrication des images. (5) On vota qu'il deviendrait consul aussitôt que Proclus et Nigrinus, en charge du consulat à l'époque, seraient évincés, et qu'il serait ensuite consul chaque année. Mais il n'accepta pas ces arrangements : lorsque les consuls eurent normalement achevé leur mandat de six mois, il devint lui-même consul et s'adjoignit son oncle Claude[33]. (6) Ce Claude appartenait précédemment au cercle des chevaliers, et c'est en représentant des chevaliers qu'il avait été envoyé après la mort de Tibère auprès de Caius ; dès lors, et pour la première fois, en dépit de ses quarante-six ans, il devint à la fois consul et sénateur. (7) De fait Caius semble avoir géré tout cela de façon convenable, tout comme fut convenable le discours qu'il tint devant les sénateurs au début de son consulat[34] : il y blâma Tibère pour chacun des forfaits qui lui étaient alors reprochés et fit de son propre chef un grand nombre de promesses, si bien que le Sénat, craignant qu'il ne change d'idée, décréta que ce discours serait lu chaque année.

(7) (1) Ensuite, revêtu de la toge triomphale, Caius dédicaça le temple d'Auguste[35] ; des enfants

de patriciens, qui avaient encore tous leurs deux
parents, chantèrent l'hymne avec des jeunes filles
de même condition ; les sénateurs accompagnés de
leurs épouses et le peuple banquetèrent ; (2) il y
eut des spectacles en tous genres. Il y eut en effet
des divertissements musicaux, des chevaux rivali-
sèrent pendant deux jours, vingt fois le premier
jour et vingt-quatre fois le second[36], parce que
c'était le jour anniversaire de l'Empereur : (3) on
était le dernier jour du mois d'août. Et Caius renouvela maintes fois ces événements, selon son bon
vouloir ; avant lui on ne dépassait pas douze
luttes[37]. On tua aussi à cette occasion quatre cents
ours avec autant d'autres animaux de Libye. (4) Les
enfants patriciens formèrent à cheval la cavalcade
troyenne[38], et le char triomphal, sur lequel Caius
était amené, était tiré par six chevaux[39], ce qui
n'avait jamais été fait auparavant. Cependant il ne
donna pas lui-même le signal de départ aux
conducteurs de chars, il assista au spectacle à une
place d'honneur, avec ses sœurs et le collège des
prêtres d'Auguste[40]. (5) Afin que personne n'eût le
moindre prétexte pour ne pas se joindre aux repré-
sentations théâtrales[41] (il était en effet terriblement
contrarié quand quelqu'un les manquait ou sortait
au milieu de la séance), il suspendit tous les procès
et interdit tous les deuils ; si bien qu'il était possible
aux veuves de se remarier, même avant le délai
prescrit[42], à condition qu'elles ne fussent pas
enceintes. (6) Et pour qu'ils y viennent aisément,
sans l'embarras suscité par l'obligation de le saluer
(auparavant, ceux qui rencontraient l'Empereur
sur leur route devaient le saluer), il demanda de ne
plus le faire. (7) Et il fut aussi permis à ceux qui le

voulaient d'assister au spectacle sans chaussures ;
c'était la coutume, depuis la plus haute Antiquité,
que les magistrats siègent ainsi dans les tribunaux,
pendant l'été, et l'usage avait été suivi par Auguste
lui-même, lors des assemblées d'été, puis abandonné par Tibère. (8) Pour la première fois, des
coussins furent alors placés sur les bancs des sénateurs, pour qu'ils ne soient pas assis sur les planches
de bois nu ; et il leur fut permis de porter des
chapeaux à la mode thessalienne pour venir au
théâtre, afin de ne pas être incommodés par les
rayons du soleil. Et lorsque le soleil frappait trop
fort, ils utilisaient à la place du théâtre le *Diribitorium*[43], muni d'un plancher de bois[44]. (9) Telles
furent les décisions de Caius pendant son consulat
de deux mois et douze jours[45] ; car le reste de son
semestre, il le laissa à ceux qui avaient auparavant
été désignés pour cette charge.

(8) (1) Il tomba ensuite malade[46] ; il n'en mourut
pas mais il fit mourir Tibère[47], qui avait pourtant à
ce moment-là pris la toge virile, été nommé Prince
de la jeunesse, et pour finir adopté ; Caius l'accusa
d'avoir espéré et attendu sa mort[48]. À partir de ce
moment-là Caius fit mettre à mort quantité d'autres
gens. (2) À Antiochos, fils d'Antiochos, il donna la
Commagène, que son père avait déjà gouvernée ; il
lui donna en plus les régions maritimes de la Cilicie[49] ; quant à Agrippa, le petit-fils d'Hérode, il le
libéra (car il avait été emprisonné par Tibère[50]), lui
donna le trône de son grand-père ; mais son frère
et même son fils adoptif, il ne se contenta pas de le
dépouiller des biens paternels, mais il le fit égorger[51]. Il n'envoya aucun écrit à ce sujet au Sénat,
fait qui se reproduisit abondamment par la suite.

(3) C'est ainsi donc que Tibère périt, pour avoir comploté contre l'Empereur pendant sa maladie. Publius Afranius Potitus, un plébéien, qui par stupide veulerie avait promis, non seulement de son plein gré mais aussi sous serment, de mourir si Caius s'en tirait ; Atanius Secundus, un chevalier, qui avait annoncé qu'il se ferait gladiateur ; tous ces gens qui avaient voulu donner leur vie en échange de la sienne, au lieu de recevoir l'argent qu'ils attendaient de lui, furent contraints d'exécuter leur promesse pour ne point se parjurer[52].(4) Telle fut la cause de leur mort[53]. Et son beau-père, Marcus Silanus[54], qui n'avait rien promis ni juré, mais qui était devenu par sa vertu et son lien de parenté insupportable à Caius, se vit pour cette raison continuellement victime d'outrages, et il mit fin à ses jours. (5) Tibère avait tellement estimé ce Silanus qu'il n'avait jamais consenti à juger la moindre décision en appel de lui, il les renvoyait toutes ; tandis que Caius lui infligeait au contraire d'innombrables affronts, bien qu'il eût une haute opinion de lui, au point de lui donner le nom de « mouton d'or » ; (6) et pour que Silanus ne puisse plus présenter son vote le premier, honneur qui lui était accordé par tous les consuls eu égard à son âge et sa réputation, il interdit qu'un consulaire puisse présenter son vote en premier ou en second, selon le bon vouloir de ceux qui mettaient aux voix la proposition, et il décida que tous, eux comme les autres, parleraient en respectant l'ordre dans lequel ils avaient exercé leur charge. (7) Après avoir répudié sa fille[55], Caius épousa Cornelia Orestilla[56], qu'il enleva pendant les cérémonies de ses noces qu'elle célébrait avec son fiancé Caius Cal-

purnius Piso. Mais deux mois ne s'étaient pas écoulés qu'il les bannissait tous les deux, sous prétexte
qu'ils avaient commerce ensemble ; (8) il permit à
Piso d'emmener dix esclaves ; et lorsque Piso lui en
demanda davantage, il le laissa emmener tous ceux
qu'il voulait : « Autant de soldats avec toi », lui dit-il.

(9)(1) L'année suivante[57] on vit en charge les
consuls désignés, Marcus Julianus et Publius
Nonius. Les serments sur les actes de Tibère ne
furent pas prêtés, et pour cette raison ne le sont
plus non plus à l'heure actuelle (car personne ne
cite jamais Tibère au nombre des Empereurs dans
la formule des serments) ; (2) en ce qui concerne
Auguste et Caius, on fit les serments habituels, et
on jura aussi de préférer l'Empereur et ses sœurs à
soi-même et à ses propres enfants, et on fit des
vœux pour tous pareillement[58]. (3) Le premier jour
du mois un esclave nommé Machao monta sur la
couche de Jupiter Capitolin[59] et là, après de nombreuses et effroyables prédictions, il tua un petit
chien qu'il avait apporté avec lui et s'égorgea. (4)
Caius accomplit aussi de belles et louables actions ;
les voici : il présenta, à l'exemple d'Auguste, l'état
des fonds publics qui n'avaient pas été rendus
publics depuis que Tibère s'était retiré ; il fit aussi
éteindre un incendie avec des soldats et apporta
son aide aux victimes. (5) Comme le corps des
chevaliers était très réduit[60], il fit venir de toutes les
régions de l'Empire et enrôla les citoyens les plus
en vue pour leurs richesses et leur naissance ; et il
donna le droit à certains d'entre eux de porter le
vêtement des sénateurs avant même d'avoir exercé
les charges qui conduisaient au Sénat[61], pour leur
donner l'espoir d'obtenir la dignité sénatoriale ;

avant cette possibilité n'était ouverte, semble-t-il, qu'à ceux qui étaient nés dans une famille de sénateurs[62]. (6) Ces décisions eurent l'approbation de tous ; en effet il remit les comices au peuple et à la plèbe, abrogeant les décisions prises par Tibère à ce sujet[63], abolit la taxe du centième[64], distribua force jetons d'entrée lors d'un concours gymnique qu'il organisa et donna la plupart des cadeaux à ceux qui les avaient gagnés : (7) tous ces actes firent grand plaisir à la masse ; mais en agissant ainsi il affligea les gens sensés qui pensèrent que si l'on remettait à nouveau les magistratures au peuple, si l'on dépensait l'argent et si les fonds privés se tarissaient, il arriverait une foule de catastrophes.

(10) (1) Il prit aussi des mesures unanimement blâmées. Il amena un grand nombre de citoyens à se faire gladiateurs ; et il les força à se battre soit un contre un soit en mêlée, comme dans une ligne de bataille, après en avoir, il est vrai, demandé l'accord au Sénat ; (2) mais pour le reste il fit, de façon illégale, tout ce qu'il lui plaisait de faire ; il fit mettre à mort beaucoup de gens, et en particulier vingt-six chevaliers, les uns parce qu'ils avaient dilapidé leurs biens, les autres parce qu'ils s'étaient volontairement battus comme gladiateurs. Ce n'était pas le nombre, quoique horrible, des victimes qui suscitait l'horreur, mais le plaisir qu'il prenait à ces meurtres et l'inextinguible avidité avec laquelle il buvait ces sanglants spectacles[65]. (3) C'est avec ce genre de cruauté qu'il ordonna, un jour qu'on manquait de condamnés pour les bêtes, d'arracher à leurs sièges certains spectateurs installés au premier rang et de les jeter aux fauves ; et pour les empêcher de crier et de se plaindre de

cette agression, il leur fit préalablement couper la langue[66]. (4) Il força un chevalier très en vue à combattre comme gladiateur, sous prétexte qu'il avait outragé sa mère Agrippine ; et comme le chevalier était vainqueur, il le livra à ses accusateurs et le fit exécuter. Son père, qui n'avait en rien fauté, il l'enferma dans une cage avec beaucoup d'autres, et l'homme y mourut. (5) Il célébra d'abord ces jeux dans les *Septa*, après avoir complètement creusé et inondé l'endroit, tout cela pour y amener un seul navire ; ensuite il les célébra ailleurs, après avoir démoli de nombreux et imposants édifices et planté un échafaudage ; car il dédaignait le théâtre de Taurus.[67] (6) À cause de tout cela, à cause aussi de ses dépenses, de ses meurtres, il fut détesté ; détesté aussi parce qu'il poussa à la nécessité de se donner la mort Macro et Ennia, sans égard pour l'amour de l'une et les bienfaits de l'autre qui, entre autres actions, avait personnellement agi pour qu'il obtienne le pouvoir ; il avait pourtant placé Macro à la tête de l'Égypte ; et il les couvrit d'une opprobre qui devait en grande partie retomber sur lui en reprochant à Macro, entre autres choses, d'être un instigateur de débauches[68]. (7) Par la suite beaucoup d'autres furent mis à mort, les uns après condamnation, les autres avant même d'avoir été jugés coupables ; le prétexte, c'était les parents, les frères du Prince et tous ceux qui étaient morts à cause d'eux ; la vraie raison, c'était leurs richesses, car les fonds étaient épuisés et rien ne suffisait à Caius. (8) Ils étaient condamnés par de faux témoignages, et par des lettres que Caius prétendait jadis avoir brûlées. D'autres furent perdus par la maladie dont le Prince avait été frappé l'année précédente et la mort de sa propre sœur Drusilla ; car si on avait banqueté, ou salué quelqu'un, ou même pris un bain pendant ces jours-là, on était châtié.

(11) (1) Drusilla eut pour mari Marcus Lepidus, à la fois mignon et amant du prince, mais Caius avait aussi des relations avec elle[69] ; au moment de sa mort son mari prononça son éloge, et son frère lui décerna une sépulture payée par les fonds publics : (2) les prétoriens avec leur chef et, à part, les chevaliers de l'armée défilèrent, les enfants de patriciens représentèrent la cavalcade troyenne autour de son tombeau, et tout ce qui avait été décerné à Livie le fut aussi pour elle ; et pour qu'elle soit immortalisée, un portrait d'elle en or est placé dans la Curie ; et dans le temple de Vénus sur le Forum, une statue d'elle, de même dimension que celle de la déesse, est consacrée avec les mêmes honneurs ; (3) un sanctuaire particulier lui est édifié avec vingt prêtres, aussi bien hommes que femmes, voués à son culte[70]. Les femmes jurent par elle, à chaque fois qu'elles témoignent sur serment, et lors de son anniversaire, une fête semblable aux jeux Mégalésiens est célébrée avec sénateurs et chevaliers conviés à un banquet. À ce moment-là on la nomma « Panthée », et dans toutes les villes on lui accorda les honneurs divins ; (4) un certain Livius Geminius, sénateur, jura l'avoir vue monter au ciel et se joindre aux dieux ; il appela la malédiction sur lui-même et ses enfants s'il mentait, et en appela au témoignage des autres dieux et de Drusilla elle-même ; pour cela il reçut deux cent mille drachmes. (5) C'est donc ainsi que Caius honora Drusilla[71] ; de plus, les jeux qui devaient

être célébrés à ce moment-là, il interdit qu'ils le fussent, que ce soit à la date prévue, sauf pour la forme, ou à une tout autre date. Tout le monde était pareillement accusé, soit qu'on se fût réjoui, en montrant du contentement, soit qu'on eût accompli quelque action par affliction ; car c'était une égale faute de ne pas la regretter, puisqu'elle était femme, et de la pleurer puisqu'elle était déesse. (6) On peut par un seul exemple témoigner de tout ce qui s'est passé alors : un homme qui vendait de l'eau chaude fut exécuté, comme coupable d'impiété[72].

(12) (1) Mais peu de jours après il épousa Lollia Paulina, en forçant son propre mari Memmius Regulus[73] à la lui fiancer, pour ne pas enfreindre la loi en la prenant non fiancée. Bien vite il la répudia également. (2) À la même époque il gratifia Soémus de l'Arabie Iturée, Cotys de la Petite Arménie ainsi que d'un morceau de l'Arabie ; Rhœmetalkès, il lui donna les possessions de Cotys ; et à Polémon fils de Polémon, il donna le royaume paternel[74] ; il fit voter tout cela par le Sénat, en plein Forum et, du haut de sa tribune, assis au milieu des sénateurs et, selon certains, sous un déploiement de voiles de soie[75]. (3) Quelque temps après, il vit beaucoup de boue dans une ruelle et il ordonna qu'on la jetât dans le manteau de Flavius Vespasien qui était édile à cette époque et chargé de la propreté des ruelles ; dans l'immédiat on ne fit pas cas de l'incident ; mais plus tard, lorsque Vespasien eut pris à bras le corps les affaires et rétabli l'ordre dans ce qui n'était que trouble et confusion, il sembla que ce n'était pas sans l'aide des dieux, mais que Caius lui avait mis dans les mains le redressement de la cité[76].

(13) (1) Ensuite, à nouveau consul, il interdit au flamine de Jupiter de jurer dans le Sénat (on jurait encore individuellement, comme sous Tibère) ; mais lui, en entrant en charge, et même en s'en allant, ce qui est encore plus gros, il jura du haut de sa tribune, à égalité avec les autres. (2) Il exerça sa charge pendant trente jours, accorda cependant six mois à son collègue Lucius Apronius et c'est un préfet de la ville, Maximus Sanquinius, qui lui succéda. Ces jours-là et les suivants, beaucoup de citoyens des plus en vue furent condamnés (beaucoup de ceux qui avaient été libérés furent châtiés pour les mêmes raisons qui les avaient conduits en prison sous Tibère), beaucoup d'autres périrent dans des combats de gladiateurs. (3) Rien n'était à l'abri des meurtres ; car il ne faisait plus aucun plaisir à la foule, au contraire il la contrariait dans tous ses désirs. Et pour cette raison le peuple aussi s'opposait à toutes ses volontés ; il était possible d'entendre et de voir tout ce que, en pareille circonstance, un homme en colère et une foule en lutte peuvent dire et faire ; (4) cependant la situation n'était pas égale entre eux ; car les uns, hormis la parole et les gestes pour montrer leur volonté, ne pouvaient rien, tandis que Caius les faisait périr en masse, arrêtant les uns pendant le spectacle, enlevant les autres à leur retour du théâtre. (5) La cause de ses pires rages était qu'on ne se pressait pas au théâtre (mais il arrivait qu'il se rendît là à une autre heure que celle qui était prévue : parfois il faisait encore nuit, parfois c'était l'après-midi lorsqu'il entrait, et les gens, lassés, le prenaient mal) ; une autre cause était que la foule n'applaudissait pas toujours ceux qui lui plaisaient, et il arrivait même qu'elle appréciât certains de ceux qu'il rejetait. (6) Et par-dessus tout il était absolument furieux que la foule en l'acclamant ait crié : « Jeune Auguste » ; il pensait qu'il ne s'agissait pas là d'une félicitation adressée à celui qui tenait si jeune le pouvoir suprême, mais d'un reproche parce qu'il détenait trop jeune un immense pouvoir. Et il agissait toujours ainsi ; il arriva un jour qu'il dit au peuple en le menaçant : « Si seulement vous n'aviez qu'une seule tête ! » (7) Alors, après les excès dont il avait coutume, la foule exaspérée négligea le spectacle et se retourna contre les délateurs ; ils les réclamèrent à grands cris pendant un long moment. Et Caius, dans son irritation, ne leur répondit pas un mot, mais il ordonna à d'autres de célébrer les jeux et partit en Campanie. (8) Il revint ensuite pour l'anniversaire de Drusilla, conduisit au Cirque sa statue placée sur un char tiré par des éléphants, et offrit au peuple un spectacle gratuit qui dura deux jours. Le premier jour, en plus des courses de chevaux, il y eut cinq cents ours égorgés ; (9) le second jour furent tuées autant de bêtes de Libye ; et dans plusieurs endroits à la fois eurent lieu des combats de lutte. Et le peuple banqueta, on donna aux sénateurs et à leurs épouses des cadeaux...

(14) (1) Au moment où il commettait tous ces meurtres, comme s'il était en manque d'argent, il imagina encore cet autre moyen de s'en procurer : il livra à prix excessivement élevé les gladiateurs survivants aux consuls, préteurs et autres magistrats, les uns consentants, (2) les autres amenés contre leur gré à agir ainsi dans les jeux du Cirque, en particulier et surtout ceux qui étaient désignés par le sort pour cette tâche (car il avait ordonné que

deux préteurs soient tirés au sort pour organiser ces jeux, comme cela se faisait autrefois) ; lui-même était assis sur le lieu du marché et surenchérissait. (3) Beaucoup de gens venus d'ailleurs les achetaient, surtout que le Prince permettait à qui voulait d'en acquérir plus que la loi l'autorisait, et souvent même il se rendait au milieu d'eux ; (4) si bien que certains qui avaient réellement besoin de gladiateurs, d'autres par volonté de plaire au prince, la majorité des gens aisés voulant sous ce prétexte dépenser une partie de leurs biens et se mettre ainsi, par leur appauvrissement, en sécurité, tous firent leurs achats à grands frais. (5) Ce qui ne l'empêcha pas, après avoir agi ainsi, de mettre à mort en les empoisonnant les meilleurs et les plus réputés des gladiateurs. Il agit de même avec les chevaux et les cochers des factions rivales. (6) Il avait une très nette préférence pour la faction revêtue du costume grenouille, qu'on appelait du nom même de sa couleur ; au point qu'aujourd'hui encore on nomme du nom de Caius le terrain où ses chars s'exerçaient. (7) Et même un des chevaux, qu'il appelait Incitatus[77], il l'invitait à dîner, lui servait de l'orge doré et lui versait à boire du vin dans des gobelets d'or ; il jurait même par son Salut et sa Fortune, promettait aussi de le nommer consul ; et il l'aurait sûrement fait, s'il avait vécu plus longtemps.

(15) (1) On avait précédemment prévu par un vote, pour se procurer de l'argent, que tous les citoyens encore vivants qui avaient eu l'intention de léguer quelque chose à Tibère devaient en mourant en gratifier Caius ; et pour avoir l'air de ne pas recevoir ces legs de façon illégale, puisqu'il n'avait

SOCIÉTÉ D'ÉDITION LES BELLES LETTRES

EXTRAIT DU CATALOGUE

Collection HISTOIRE (28 titres)

ALAIN BOUREAU. L'événement sans fin. Récit et christianisme au Moyen Age. 302 p. 140 F

CHRISTOPHER R. BROWNING. Des hommes ordinaires. Le 101e bataillon de réserve de la police allemande et la Solution finale en Pologne. 320 p. + ill. 130 F

MOSES I. FINLEY. On a perdu la guerre de Troie. Propos et polémiques sur l'Antiquité. 240 p.155 F

PIERRE GRIMAL. Les erreurs de la liberté. 200 p. 95 F

MOGENS H. HANSEN. La démocratie athénienne à l'époque de Démosthène. 494 p. 250 F

RÉGIS F. MARTIN. Les douze Césars. Du mythe à la réalité. 442 p. 140 F

ARNALDO MOMIGLIANO. Les fondations du savoir historique. 198 p. 125 F

CLAUDE SINGER. Vichy, l'Université et les juifs. Les silences et la mémoire. 438 p. + ill. 160 F

Collection LA ROUE A LIVRES (24 titres)

CICÉRON. De la divination. 252 p. 130 F

CTÉSIAS. Histoires de l'Orient. 220 p. 115 F

GEOFFROY DE MONMOUTH. Histoire des Rois de Bretagne. 352 p. 140 F

JEAN DE MANDEVILLE. Voyage autour de la Terre. 330 p. 135 F

PROCOPE. Histoire secrète. 256 p. 125 F

Collection VÉRITÉ DES MYTHES (8 titres)

WALTER BURKERT. Les cultes à mystères dans l'Antiquité. 162 p. 110 F

PIERRE LÉVÊQUE. Colère, sexe, rire. Le Japon des mythes anciens. 200 p. + ill. 85 F

Collection REALIA (16 titres)

GUY ACHARD. La communication à Rome. 298 p. 130 F

MARIE-FRANÇOISE BASLEZ. L'étranger dans la Grèce antique. 364 p. + ill. 150 F

ALAIN MALISSARD. Les Romains et l'eau. 342 p. 135 F

JEAN-NOËL ROBERT. Les plaisirs à Rome. 236 p. + ill.. 120 F

VIOLAINE VANOYEKE. La prostitution en Grèce et à Rome. 176 p. 85 F

JACQUES ANDRÉ, Être médecin à Rome. 184 p. + ill. 105 F

Collection CONFLUENTS PSYCHANALYTIQUES
(16 titres)

MARIE-FRANCE CASTARÈDE. La voix et ses sortilèges. 280 p. 130 F
ANDRÉ GREEN. La déliaison. Psychanalyse, anthropologie et littérature. 388 p. 180 F
LÉON GRINBERG. Culpabilité et dépression.. 410 p. 230 F

Collection ICONOCLASTES (23 titres)

GUY BARET. Eloge de l'hétéroséxualité. 138 p. 59 F.
FRANÇOIS CROUZET. Contre René Char. 256 p. 79 F
PHILIPPE MURAY. L'Empire du Bien. 215 p. 63 F
LYSANDER SPOONER. Les vices ne sont pas des crimes. Avec une bio- bibliographie de l'auteur. 109 p. 59 F
RABELAIS. Le françois sans larmes. 162 p. 49 F
OSCAR WILDE. La jeunesse est un art. 171 p. 79 F

Collection LE CORPS ÉLOQUENT (7 titres)

CAMILLO BALDI. La lettre déchiffrée. 172 p. 85 F
CARLO EMILIO GADDA. L'art d'écrire pour la radio. 128 p. 85 F
VICTOR HUGO. Le promontoire du songe. 194 p. 90 F
PHILIP SIDNEY. Eloge de la poésie. 144 p. 75 F

Collection ARCHITECTURE DU VERBE (2 titres)

JACQUES ROUBAUD. La fleur inverse. L'art des troubadours. 356 p. 150 F

Collection SCIENCE ET HUMANISME (5 titres)

GALILÉE. Le messager céleste. 220 p. 230 F
JEAN KEPLER. Le Secret du monde. 398 p. 235 F

Collection THÉÂTRE ANGLAIS DE LA RENAISSANCE (7 titres)

CHRISTOPHER MARLOWE. La tragique histoire du Docteur Faust. 172 p. 75 F
GEORGE PEELE. Le conte pour la veillée. 148 p. 115 F
JOHN WEBSTER. La Duchesse d'Amalfi. 254 p. 135 F

Œuvres Complètes de SHAKESPEARE.
(38 titres)
Texte et traduction. 75 F. le volume

Collection LAISSEZ FAIRE (8 titres)

DAVID FRIEDMAN. Vers une société sans État. 398 p. 165 F
FRANÇOIS LEFORT. La France et son droit. 228 p. 130 F
MURRAY ROTHBARD. L'éthique de la liberté. 454 p. 170 F

JEAN-JACQUES PAUVERT. Nouveaux (et moins nouveaux) visages de la censure. 270 p. 105 F

ROBERT LOUIS STEVENSON. Veillés d'Océanie. 190 p. 75 F

ALEXANDRE VIALATTE. Salomé. Roman. 253 p. 120 F

DOCUMENTS

JEAN BOTTÉRO. Babylone et la Bible. Entretiens avec Hélène Monsacré. 320 p. 125 F

JEAN-PIERRE BRULÉ. L'informatique malade de l'État. 384 p. 135 F

Œuvres de GIORDANO BRUNO

Tome I : Le Chandelier. 512 p. 215 F.

Tome VI : La cabale du cheval pégaséen. 288 p. 175 F

COLLECTION DES UNIVERSITÉS DE FRANCE
(682 titres)

ARISTOTE. Problèmes. Tome III, sections XXVIII-XXXVIII. 328 p. 330 F

DION CASSIUS. Histoire romaine, livres 48 et 49. 480 p. + 3 planches en coul. 360 F

ESOPE. Fables. 162 p. 170 F

FIRMICUS MATERNUS. Mathésis, Tome II, livres III-V. 558 p. 340 F.

NONNOS DE PANOPOLIS. Dionysiaques. Tome VIII, chants XX-XXIV. 408 p. 305 F.

OVIDE. L'art d'aimer. 96 p. 135 F

PÉTRONE. Le Satiricon. 218 p. 215 F

TITE-LIVE. Histoire romaine, Tome XIX, livre XXIX. 400 p. 285 F.

SORANOS D'ÉPHÈSE. Maladie des femmes, Tome III, livre III. 224 p. 245 F.

STACE. Thébaïde, Tome III, livres IX-XII. 368 p. 265 F.

Éditions SORTILÈGES (12 titres)

PIERRE LOUŸS. L'Œuvre érotique. Présenté et préfacé par Jean-Paul Goujon. 1120 p. relié toile. 295 F

LAURENCE PYTHOUD. Homme marié, je vous aime. 132 p. 79 F

Théâtre érotique du XIXe siècle. 632 p. 195 F

EN VENTE EN LIBRAIRIE

Société d'édition Les Belles Lettres
95, boulevard Raspail 75006 PARIS
Tél : 45.48.70.55.— Fax. : 45.44.92.88

à ce moment-là ni femme ni enfants, il fit paraître un décret officiel. (2) Mais pour le moment ce sont tous les biens des centurions qu'ils avaient légués, depuis le triomphe de son père, à quelqu'un d'autre que l'Empereur, qu'il s'appropria purement et simplement, sans le moindre vote. (3) Et comme ces moyens ne suffisaient encore pas, il imagina cette troisième façon d'obtenir de l'argent : un sénateur, Cnæus Domitius Corbulo, se rendit compte que les routes, sous Tibère, étaient mal entretenues ; il ne cessait de poursuivre les responsables négligents et lassait même le Sénat avec ces problèmes. (4) Se servant de lui, Caius s'en prit à tous ceux, aussi bien vivants que morts, qui avaient été préposés aux routes, et avaient reçu des subsides pour les entretenir ; et ces gens, ainsi que ceux qui avaient travaillé sous leurs ordres, il leur infligea une amende sous prétexte qu'ils n'avaient rien dépensé. (5) D'où il advint que Corbulo obtint le consulat ; mais plus tard, sous Claude, il fut mis en accusation et dut rendre des comptes ; car non seulement Claude ne réclama pas les sommes demandées, mais il rendit même, en partie grâce aux fonds publics, en partie sur les biens même de Corbulo, l'argent payé par ceux qui avaient subi les amendes. (6) Mais tout cela eut lieu plus tard ; pour le moment tous ces gens, et même, pour ainsi dire, tous les habitants de la Ville furent dépouillés d'une façon ou d'une autre, et aucun des citoyens, homme ou femme, qui possédait quelque chose, n'était à l'abri de ces détournements. Car s'il laissait vivre quelques individus de grand âge, en leur donnant le nom de « Pères », « Grands-Pères », « Mères » et « Aïeules », il leur prenait de leur vivant le fruit de leurs revenus, et captait après leur mort leur héritage.

(16) (1) Jusque-là il avait toujours dit du mal de Tibère, et devant tout le monde ; quant aux autres qui l'accusaient en privé ou en public, il ne s'irritait pas contre eux, s'en réjouissait même ; mais une fois entré au Sénat, il se mit à chanter ses louanges et les accusations du Sénat et du peuple, il les critiqua, sous prétexte qu'elles étaient sans fondement. (2) « Moi qui suis Empereur, j'ai le droit d'agir ainsi, mais vous, non seulement vous commettez une faute, mais en agissant ainsi, vous êtes coupables d'un crime de majesté à l'égard de celui qui fut votre chef. » Puis prenant un par un tous ceux qui étaient morts, il voulut prouver (c'est ainsi qu'il apparut) que les sénateurs avaient été responsables de la mort de la plupart d'entre eux ; les uns, parce qu'ils les avaient condamnés, les autres parce qu'ils avaient témoigné contre eux. (3) Et ces éléments, puisés dans les lettres même qu'il disait avoir jadis brûlées, il les fit lire par ses affranchis ; et il ajouta : « Si Tibère a mal agi, vous n'aviez pas à le vénérer de son vivant ; vous ne deviez pas non plus, par Jupiter, changer d'avis sur ce que vous aviez souvent dit et voté. (4) C'est vous qui vous êtes conduits de façon insensée à son égard, c'est vous qui avez tué Séjan en le gonflant et en le pervertissant ; d'ailleurs de vous, je n'ai rien à attendre de bon. » Après ces mots, il fit intervenir dans son discours Tibère lui-même, un Tibère qui lui disait : (5) « Tout ce que tu as dit est bon et vrai ; pour cette raison, n'aie aucune amitié pour aucun d'entre eux, aucune compassion non plus. Tous te haïssent, tous souhaitent ta mort ; et s'ils peuvent,

ils te tueront. Ne songe donc plus à faire rien qui
leur soit agréable, (6) ne te soucie pas de ce qu'ils
disent, mais considère seulement ton plaisir et ta
sécurité comme la justice suprême. Dans ce cas tu
n'auras à subir aucun mal, et tu jouiras de tous les
plaisirs ; bien plus : ils te vénéreront, qu'ils le
veuillent ou pas. (7) Dans le cas contraire tu n'en
retireras rien en fait, seulement en apparence une
vaine gloire, sans rien de plus ; et tu seras victime
de complot, tu périras sans gloire. Car aucun
homme ne se laisse commander de son plein gré ;
tant qu'il le craint, il flatte celui qui est plus fort
que lui ; mais quand il prend confiance, il se venge
sur celui qui est plus faible[78]. » (8) Caius, après ce
discours, rétablit l'accusation de lèse-majesté,
ordonna de la graver aussitôt sur une plaque de
bronze et sortit en toute hâte de la Curie ; et le jour
même il partit s'installer en banlieue. Le Sénat et le
peuple furent terrorisés, au souvenir des accusations qu'ils avaient souvent portées contre Tibère,
en réfléchissant aussi aux propos qu'ils venaient
d'entendre de Caius et à ceux qu'il tenait auparavant. (9) Sur le coup, frappés de stupeur et de
découragement, ils ne purent rien dire ni rien
faire ; mais le lendemain ils se réunirent de nouveau et firent grand éloge du prince, homme de
vérité et de piété, lui vouant une grande reconnaissance de ne pas les avoir exécutés ; (10) et pour
cette raison, pour sa bienveillance, on décréta que
des sacrifices seraient célébrés chaque année, le
jour où ce discours avait été prononcé et au
moment des fêtes du Palatin ; sa statue en or serait
conduite au Palatin, des hymnes à sa bienveillance
seraient chantés par des enfants de patriciens. (11)

On lui accorda aussi le droit de célébrer le petit triomphe (*ovatio*), comme s'il avait terrassé des ennemis. Tels furent les honneurs qui lui furent alors décernés ; par la suite, pour ainsi dire à toute occasion, on en rajouta d'autres.

(17) (1) Caius cependant ne prisait pas ce genre de pompe (il ne voyait rien de grand à faire avancer un cheval sur la terre ferme), il voulut en quelque sorte traverser la mer à cheval, en jetant un pont entre Puteoli et Baulæ[79], qui se trouve juste en face de la ville, à vingt-six stades. (2) Des bateaux furent réunis pour former le pont, d'autres furent construits à cette fin ; car ceux qu'on avait pu réunir étaient en nombre insuffisant, vu les délais très courts, bien qu'on eût rassemblé tous ceux qu'on avait pu trouver, ce qui causa d'ailleurs une gigantesque famine en Italie et surtout à Rome[80]. (3) Ce ne fut pas seulement une voie de passage pour joindre les deux rives, mais on construisit des lieux de repos et de loisirs au point que de l'eau potable les baignait. Lorsque tout fut prêt, Caius revêtit la cuirasse d'Alexandre (c'est du moins ce qu'il disait), avec par-dessus une chlamyde de soie pourpre, brochée de beaucoup d'or et de multiples pierreries de l'Inde ; il se ceignit d'une épée, prit un bouclier et se couronna de feuilles de chêne ; (4) après cela il sacrifia à Neptune, à quelques autres dieux et à l'Envie, pour éviter, disait-il, que la Jalousie ne le frappe, et il s'engagea sur le pont du côté de Baulæ, emmenant avec lui une foule de cavaliers et de fantassins armés, et il fondit sur la ville comme sur des ennemis. (5) Le lendemain il s'y reposa comme des suites d'une bataille, et il revint par le même pont sur un char, revêtu d'une

tunique tissée d'or ; conduisaient le char les chevaux même qui, dans le Cirque, gagnaient le plus
souvent. Dans la longue escorte de dépouilles le
suivait, entre autres, Darius l'Arsacide, qui était au
nombre des otages alors livrés à Rome par les
Parthes ; (6) ses amis et compagnons le suivaient
sur des véhicules, revêtus de vêtements fleuris, puis
l'armée, puis le reste de la foule, tous ornés d'une
façon spécifique. Puis il fallut bien, vu la taille de
l'expédition et la splendeur de la victoire, prononcer un discours ; il monta donc sur une tribune,
construite elle aussi sur les bateaux au milieu du
pont[81] ; (7) il se glorifia lui-même, instigateur de
fabuleuses entreprises ; il fit ensuite l'éloge de ses
soldats, sous prétexte qu'ils avaient souffert et
couru de grands dangers, soulignant en particulier
qu'ils avaient traversé la mer à pied. (8) Et il leur
distribua pour leur peine des cadeaux. Enfin lui-
même resta sur le pont, comme sur une île, tous les
autres l'entourèrent sur d'autres bateaux, et tout le
reste du jour et la nuit entière se passèrent en
festins[82]. Ils baignèrent dans une superbe lumière
qui émanait en partie du pont, en partie des mon-
tagnes. (9) Car l'endroit a la forme d'un croissant,
et le feu se voyait de tout côté, comme dans un
théâtre, au point qu'on n'avait absolument pas la
sensation d'obscurité ; et il voulait certes faire de la
nuit le jour, comme de la mer la terre. Repu, gorgé
de nourriture et de vin, il poussa du haut du pont
bon nombre de ses amis dans la mer, (10) précipita
dans l'eau quantité d'autres gens en poussant
contre eux des bateaux munis d'éperons, au point
que certains moururent ; mais le plus grand
nombre, malgré l'ivresse, put se sauver. La raison

en est que la mer resta très plane et très calme, pendant qu'on construisait le pont, et pendant ces autres événements. (11) Et Caius s'en vantait, disant que Neptune avait peur de lui ; il n'épargnait non plus aucune moquerie à l'égard de Xerxès et Darius, sous prétexte que lui avait jeté un pont sur une mer beaucoup plus large qu'eux[83].

(18) (1) Telle fut la fin de ce pont, qui elle aussi causa la mort de beaucoup de gens ; à bout de ressources de l'avoir construit, Caius ourdit la perte d'un plus grand nombre encore de citoyens, parce qu'ils étaient riches. Il rendait la justice personnellement et avec tout le Sénat. (2) Le Sénat aussi jugeait parfois tout seul ; mais il n'était pas souverain et fréquemment les causes qu'il jugeait étaient susceptibles d'appel. Les décisions du Sénat étaient rendues publiques autrement, mais les noms de ceux qui avaient été condamnés par Caius étaient exposés, comme s'il craignait qu'ils passent inaperçus. (3) Les condamnés subissaient leur châtiment, les uns dans leur prison, les autres étaient précipités du haut du Capitole, d'autres encore mettaient eux-mêmes fin à leurs jours. Pas la moindre sécurité, même pour les exilés : parmi eux, beaucoup étaient assassinés, soit en chemin, soit sur le lieu de leur exil. Il ne faut pas bien sûr que je lasse mes lecteurs en entrant inutilement dans les détails des autres crimes ; (4) mais Calvisius Sabinus[84], un des premiers sénateurs, revenu à ce moment-là de Pannonie où il avait été gouverneur, fut accusé avec sa femme Cornelia (car même Cornelia était accusée d'avoir visité les postes et d'avoir vu les soldats s'entraîner[85]) ; ils n'attendirent pas la sentence mais se tuèrent eux-mêmes. (5) De même

pour Titius Rufus, poursuivi pour avoir dit que le Sénat pensait une chose et en disait une autre. Un préteur du nom de Junius Priscus fut accusé pour des motifs divers et mourut parce qu'il était apparemment riche. Et Caius, lorsqu'il eut appris qu'il ne possédait en fait rien qui valût la mort, eut cette parole : « Il m'a trompé, et il est mort pour rien car il pouvait vivre. »

(19) (1) Parmi ceux qui étaient alors en jugement, Domitius Afer eut à affronter un extraordinaire péril et fut sauvé d'une façon encore plus surprenante. Caius était pour diverses raisons irrité contre lui, en particulier parce que sous Tibère il avait traduit en justice une parente de sa mère Agrippine[86] ; (2) or un jour Agrippine le rencontra sur son chemin et apprit que, de honte, il avait changé de route ; elle le fit alors convoquer et lui dit : « Courage, Domitius, car pour moi tu n'es pas le vrai responsable, c'est Agamemnon[87]. » À l'époque qui nous occupe, Domitius fit ériger une statue de Caius et y apposa une inscription disant que Caius, à vingt-sept ans, était consul pour la deuxième fois ; (3) Caius s'en irrita, comme si on lui reprochait à la fois sa jeunesse et une situation illégale ; aussitôt il le convoqua à la Curie, et contre cet acte, dont Afer pensait qu'il lui vaudrait d'être honoré, Caius prononça un grand discours ; car Caius prétendait l'emporter sur tous les orateurs, et comme il savait qu'Afer était un orateur excellent, il s'efforçait de le surpasser[88]. (4) Il l'aurait à coup sûr fait exécuter si Afer avait d'une manière quelconque cherché à rivaliser avec lui. Mais en fait il ne répondit rien, ne se défendit en rien ; feignant l'admiration, la stupeur devant le talent de Caius, il reprit une par une toutes les étapes de l'accusation, comme s'il était auditeur et non accusé, et se répandit en éloges ; (5) et lorsque la parole lui fut donnée, il eut recours aux supplications et aux lamentations ; à la fin il se jeta à terre, et, gisant sur le sol, il l'implora, en accusé qui craignait plus en Caius l'orateur que le César. Et c'est ainsi que Caius, quand il vit et entendit tout cela, fut soulevé de joie, convaincu d'avoir réellement surpassé Afer par l'éloquence de son discours ; (6) et pour cette raison, à cause également de son affranchi Calliste qu'il respectait et que Domitius flattait également, il fit cesser sa colère. Et plus tard, un jour que Calliste lui reprochait d'avoir attenté à l'autorité de Domitius, il répondit : « Il n'était pas possible que je garde en moi un tel discours[89]. » (7) C'est ainsi que Domitius fut sauvé, convaincu de n'être plus un bon orateur ; de son côté Lucius Annius Seneca, qui surpassait en sagesse tous ses contemporains à Rome et bon nombre de l'extérieur, faillit mourir ; non qu'il ait commis aucune faute ou en ait donné l'air, mais parce qu'il avait prononcé un beau discours à la Curie en présence de l'Empereur. (8) Mais, après avoir ordonné sa mise à mort, Caius se rétracta, convaincu par une des femmes qu'il connaissait que Seneca était atteint de consomption et qu'il mourrait bientôt.

(20) (1) Quant à Domitius, Caius le fit immédiatement consul ; il avait déposé les consuls alors en charge parce qu'ils n'avaient pas proclamé de jour de supplication lors de son anniversaire[90], bien que les préteurs eussent célébré en son honneur les jeux du Cirque et des chasses de bêtes sauvages, ce qui avait lieu tous les ans ; (2) et aussi parce qu'ils

avaient conduit la cérémonie habituelle commémorant les victoires d'Auguste sur Antoine. Pour les
confondre, il voulut passer pour le descendant
d'Antoine plutôt que celui d'Auguste ; et il confia à
ceux qui partageaient ses intérêts que, quoi qu'ils
fassent, les consuls seraient coupables, soit qu'ils
fassent des sacrifices commémorant les malheurs
d'Antoine, soit qu'ils s'en abstiennent en souvenir
de la victoire d'Auguste. (3) C'est pour cela que, le
jour même, il leur enleva leur charge, en brisant
leurs faisceaux ; ce geste frappa si fort l'un d'entre
eux qu'il se donna la mort. Quant à Domitius, il fut
nommé « Collègue du Prince », apparemment par
le peuple, en fait par Caius lui-même. Il est vrai que
le Prince avait rendu au peuple les comices ; (4)
mais dans la mesure où ils étaient devenus ineffi-
caces pour tout ce qui touchait à leurs intérêts en
raison d'une longue période de manque de liberté,
dans la mesure aussi où ne se présentait guère aux
élections que le nombre de candidats à élire, et où,
si le nombre était supérieur, il les mélangeait tous,
l'apparence républicaine était sauve, mais en réalité
il n'y avait là-dedans rien de républicain. (5) C'est
pourquoi les comices furent à nouveau supprimées
par Caius lui-même. À la suite de cela tout le reste
fut administré comme sous Tibère ; étaient élus
parfois quinze préteurs, parfois un de plus, ou un
de moins, comme cela se trouvait. (6) Telle fut
l'attitude de Caius concernant les comices ; il était
pour tout tellement pointilleux et soupçonneux
qu'il exila un jour l'orateur Secundus Carinas parce
qu'il avait tenu dans une joute oratoire un discours
contre les tyrans[91]. (7) Lorsque Lucius Piso, fils de
Plancina et Cnæus Piso, obtint le gouvernement de

l'Afrique, Caius eut peur qu'il n'envisage quelque soulèvement, par ambition, surtout qu'il allait disposer d'une force énorme en citoyens et étrangers ; il plaça donc les soldats et les Numides qui y étaient rattachés sous les ordres d'un autre homme, et cet arrangement perdure encore depuis cette date[92].

(21) (1) Caius avait désormais dépensé pour ainsi dire tout l'argent de Rome et de toute l'Italie, quels que fussent sa provenance et le moyen employé pour se le procurer. Il ne trouvait plus là aucun expédient suffisant ni même possible, et ses dépenses le gênaient considérablement ; (2) il se lança contre la Gaule, invoquant le prétexte que les Celtes[93], ces ennemis, causaient du trouble, mais en réalité il comptait bien piller les richesses de la Gaule et de l'Espagne alors florissantes. Cependant il n'annonça pas officiellement son départ, mais il se rendit dans une banlieue quelconque ; et c'est de là que subitement il partit, emmenant avec lui une foule d'acteurs, de gladiateurs, de chevaux, de femmes et toute une escorte déliquescente. (3) Rendu à destination il ne fit aucun mal aux ennemis (car aussitôt avancé un peu au-delà du Rhin il rebroussa chemin, et apparemment lancé à l'attaque de la Bretagne il fit aussi volte-face depuis les bords de l'Océan, tout en s'irritant contre ses lieutenants qui avaient obtenu quelque succès) ; quant aux sujets, alliés et citoyens, il les traita la plupart du temps avec une excessive cruauté. (4) D'un côté il dépouilla sous tous les prétextes possibles tous ceux qui possédaient quelque chose ; d'un autre côté ce sont des cadeaux magnifiques que particuliers et cités, soi-disant de bon gré, lui apportaient. Des hommes furent mis à mort, les uns

accusés de fomenter des troubles, les autres de comploter contre lui. Mais leur crime officiel, commun à tous, était d'être riches. (5) En revendant leurs biens, Caius gagnait encore bien plus d'argent ; car tous étaient contraints de toute façon de les acheter bien au-dessus de leur valeur, pour la raison que j'ai invoquée. C'est pourquoi il envoya chercher les plus beaux et les plus précieux joyaux de l'empire et il les vendit aux enchères, bradant en même temps la gloire de ceux qui les avaient autrefois utilisés. (6) Il ajoutait pour chacun : « Celui-ci était à mon père, celui-là à ma mère, celui-là à mon aïeul, à mon bisaïeul. Celui-là vient d'Égypte, il était à Antoine, c'est le prix de la victoire d'Auguste. » Et en même temps il indiquait les raisons contraignantes de la vente, si bien que personne n'osait continuer d'avoir l'air riche[94], et c'est sa dignité qu'il leur livrait[95].

(22) (1) Mais même avec cela il ne gagnait rien, et continuait ailleurs ses dépenses comme il en avait l'habitude (il monta des spectacles à Lyon[96]), particulièrement en faveur de l'armée ; car il rassembla selon certains historiens deux cent mille soldats, selon d'autres deux cent cinquante mille. (2) Et il fut proclamé *Imperator* par eux sept fois, autant qu'il le voulut, alors qu'il n'avait remporté aucune victoire ni tué le moindre ennemi. Car si un jour il s'empara par ruse d'un petit nombre d'ennemis et les enchaîna, il perdit en fait une grande partie de ses soldats abattant les uns individuellement et massacrant les autres en masse. (3) Il aperçut un jour un rassemblement, soit de prisonniers soit de tout autres gens : il ordonna, comme dit le proverbe, de tous les égorger, *du chauve au chauve.*

Et un autre jour qu'il jouait aux dés, apprenant qu'il n'avait plus d'argent, il demanda les listes recensant les Gaulois, (4) ordonna de mettre à mort les plus riches d'entre eux et revint vers ses compagnons de dés en disant : « Vous, vous luttez pour quelques drachmes, moi je viens d'en réunir soixante millions. » Ces hommes moururent sans raison aucune[97]. Par exemple l'un d'entre eux, Julius Sacerdos, opulent certes, mais non richissime au point d'être poursuivi pour ses biens, fut mis à mort à cause de son nom. (5) Tout se passait ainsi, sans jugement. Quant à la plupart des autres, je n'ai pas besoin de citer leur nom ; je ne parlerai que de ceux que l'histoire retient. Ici c'est Lentulus Gætulicus, un homme renommé entre tous, gouverneur pendant dix ans de la Germanie, que Caius exécuta ; (6) là c'est Lepidus, son amant, son mignon, le mari de Drusilla, qui avait commerce aussi en même temps que lui avec ses autres sœurs, avec Agrippine, avec Livilla, à qui il avait accordé de demander ses charges cinq ans avant l'âge légal, qu'il avait désigné comme son futur successeur à la tête de l'Empire : (7) il le fit mettre à mort. À cette occasion il donna de l'argent aux soldats, comme s'il avait vaincu des ennemis ; et il envoya à Rome trois poignards à Mars Vengeur[98]. (8) Ses sœurs, pour avoir eu commerce avec Lepidus, il les relégua sur des îles du Pont, leur lançant dans une lettre au Sénat mille accusations d'impiété et de dévergondage ; quant à Agrippine, il lui remit les ossements de Lepidus dans une urne, en lui ordonnant de la rapporter à Rome en la serrant sur son giron pendant tout le voyage. (9) Et comme on avait voté pour elles, à cause de lui bien sûr, une foule d'honneurs, il interdit d'accorder la moindre marque d'honneur à aucun de ses parents.

(23) (1) Voilà donc ce qu'il annonça, comme s'il venait d'échapper à une immense conjuration : par ailleurs il feignait toujours d'affronter d'horribles dangers, et de mener une vie d'angoisses. (2) À cette nouvelle les sénateurs lui accordèrent entre autres choses le petit triomphe (*ovatio*), et lui envoyèrent des messagers tirés au sort, et avec eux Claude, qu'ils avaient choisi. Caius en fut fâché, au point qu'il interdit à nouveau qu'aucun éloge, aucun honneur, quel qu'il fût, fût décrété à ses parents, furieux parce que, apparemment, on ne l'honorait pas à sa juste valeur. (3) Il ne faisait jamais aucun cas de ce qu'on lui donnait ; il se fâchait si les votes lui accordaient de faibles distinctions, comme si on le méprisait ; et il se fâchait aussi si les distinctions étaient plus belles, comme si on le privait des autres. Il ne voulait pas qu'on crût qu'un honneur quelconque puisse lui être décerné par le Sénat, comme s'il était supérieur à lui, ou que le Sénat pût le flatter en s'adressant à lui comme à un inférieur ; (4) et c'est pour cette raison que, souvent, il s'opposa au Sénat, sous prétexte qu'il n'augmentait pas sa gloire mais diminuait sa puissance. Et pourtant, malgré cet état d'esprit, il se fâchait contre les sénateurs s'ils avaient l'air de voter un décret peu en rapport avec sa dignité ; tant il était capricieux et tant il était difficile de lui plaire. (5) C'est pourquoi il ne reçut pas tous ces messagers, sous prétexte qu'il les prenait pour des espions ; il en réunit un petit nombre, et les autres, il les renvoya avant d'entrer en Gaule ; et ceux qu'il admit, il ne leur accorda pas la moindre marque d'honneur, et il eût même mis à mort Claude s'il ne l'avait tant méprisé, lui qui donnait l'impression d'être stupide, moitié à cause de son caractère, moitié par stratégie. (6) Une seconde ambassade plus nombreuse lui ayant été envoyée (outre les autres griefs il reprochait à la première son maigre effectif), il l'accueillit avec plaisir, alla à sa rencontre, et il en reçut de nouveaux honneurs. (7) Mais tout cela eut lieu plus tard. Au moment qui nous intéresse, il répudia Paulina, sous prétexte qu'elle ne lui avait pas donné d'enfant, en réalité parce qu'il était las d'elle, et il épousa Milonia Cæsonia ; il avait eu auparavant des relations avec elle, et voulait à présent en faire sa femme parce qu'elle était enceinte, et pour que le bébé naisse dans les trente jours[99]. (8) Les gens, à Rome, étaient perturbés par tous ces événements, perturbés aussi parce que de multiples procès étaient attentés contre eux pour les liens qu'ils avaient entretenus avec les sœurs de Caius et avec ceux qu'il avait mis à mort ; au point que certains édiles et certains préteurs, passant en jugement, avaient été contraints d'abandonner leur charge. (9) En plus de tout cela ils étaient accablés par la chaleur : survint une telle canicule qu'il fallut tendre des toiles au-dessus du Forum. Parmi les exilés de l'époque figurait Sophonius Tigellin[100], chassé pour avoir eu des relations avec Agrippine.

(24) (1) Cependant tout cela ne les accablait pas autant que la crainte de voir encore augmenter la cruauté et les excès de Caius ; surtout qu'on apprit qu'il était au mieux avec les rois Agrippa et Antiochus, dignes professeurs de tyrannie. (2) C'est pourquoi, lors de son troisième consulat, aucun

tribun, aucun préteur n'osa réunir le Sénat ; car il n'eut aucun collègue, non qu'il ait ourdi quelque chose, comme certains le pensent, mais parce que le candidat désigné était mort et qu'il avait été impossible, en l'absence de Caius, d'en installer un autre en si peu de temps. (3) Il eût fallu que les préteurs assument toutes ces dispositions, car c'est à eux qu'échoient toutes les charges des consuls quand ceux-ci s'absentent ; mais pour ne pas avoir l'air d'agir à la place de l'Empereur, ils ne remplirent aucune de leurs obligations ; (4) les sénateurs de leur côté montèrent en rangs serrés sur le Capitole, firent des sacrifices, s'inclinèrent devant le siège de Caius qui se trouvait dans le temple, et laissèrent en plus de l'argent comme s'ils le donnaient à Caius lui-même, conformément à la tradition en vigueur au temps d'Auguste. (5) Ce rituel se répéta l'année suivante. Mais les sénateurs revinrent ensuite dans la Curie, sans y avoir été réunis par personne ; et ils ne firent absolument rien, si ce n'est qu'ils passèrent la journée entière à chanter les louanges de Caius et faire des vœux pour lui. (6) Car dans la mesure où ils ne l'aimaient pas, ni ne souhaitaient son salut, ils feignaient l'un et l'autre comme pour camoufler leur sentiment. Et le troisième jour, jour de prières, on se réunit ; la convocation avait été lancée par tous les préteurs sur une décision prise en commun ; on ne fit encore rien, ni plus tard, jusqu'au moment où il fut annoncé que Caius abandonnait le consulat. (7) On nomma alors ceux qui avaient été désignés pour lui succéder, et ils remplirent leur mission ; entre autres décrets on vota que les jours anniversaires de Tibère et Drusilla seraient fêtés comme celui d'Auguste[101]. Les hommes chargés de l'orchestre célébrèrent des jeux, donnèrent un spectacle, érigèrent et dédicacèrent une statue en l'honneur de Caius et Drusilla. (8) Tout cela fut réalisé en vertu d'une lettre de Caius ; car pour tout ce qu'il voulait réaliser, il en écrivait quelques mots au Sénat et la plus grande partie aux consuls, et il arriva qu'il ordonne qu'on lise sa lettre dans la Curie. Voilà donc comment ils agirent.

(25) (1) Au même moment Caius fit venir Ptolémée, fils de Juba[102], apprit qu'il était riche et le fit mourir, ainsi que d'autres avec lui. Et il s'avança jusqu'à l'Océan, comme s'il allait attaquer la Bretagne[103] ; (2) il rangea alors tous ses soldats sur le rivage en ordre de bataille, monta sur une trirème, s'éloigna légèrement de la rive et revint ; il s'assit ensuite en haut d'une tribune élevée, donna une sorte de signal de bataille à ses soldats, les exhorta au son de la trompette et leur ordonna subitement de rassembler des coquillages. (3) Il s'empara de ce butin (car il est clair qu'il avait besoin de dépouilles pour célébrer son triomphe), et parada, comme s'il avait asservi l'Océan lui-même, et combla de cadeaux ses soldats. Il rapporta les coquillages jusqu'à Rome pour que les Romains puissent voir les dépouilles ; (4) le Sénat apprit qu'il paradait de la sorte et ne savait s'il fallait garder le silence ou lui décerner des éloges ; car celui qui décerne de grands éloges ou des honneurs excessifs pour des exploits nuls ou dérisoires risque d'être soupçonné de moquerie ou d'insulte. (5) Malgré cela Caius, à son entrée à Rome, faillit faire périr tout le Sénat pour ne pas lui avoir voté des honneurs plus qu'humains[104] ; il rassembla ensuite le peuple, lui

lança d'un promontoire beaucoup d'argent et beaucoup d'or, et bon nombre de gens moururent en se l'appropriant ; car de petits morceaux de fer, d'après certains, y avaient été mêlés. [Xiphilin, 166, 30 — 167, 22]

(6) Un tel mode de vie entraînait naturellement un complot. Il découvrit la conspiration et arrêta Anicius Cerealis, ainsi que son fils Sextus Papinius ; il lui infligea la torture, mais comme il ne disait rien, il persuada Papinius, en lui promettant la vie sauve et l'impunité, de lui livrer des noms vrais ou faux ; aussitôt après il le mit à mort sous ses yeux, ainsi que les autres complices. Il força même le père d'une de ses victimes à assister à l'exécution de son fils ; comme le père demandait s'il pouvait fermer les yeux, il ordonna également son exécution. Quant à celui sur lequel pesaient les soupçons, il feignit d'être au nombre des conjurés, promit de dénoncer tous les autres, et nomma les compagnons de Caius, les complices de sa vie dissolue et de sa cruauté ; il eût causé la perte de beaucoup de gens s'il n'avait provoqué son propre discrédit en donnant le nom des préfets, de Calliste et de Cæsonia ; il mourut donc, mais ce fut pour Caius les prémisses de sa mort ; il convoqua en effet les préfets et Calliste en privé et leur dit : « Je suis seul, vous êtes trois ; je suis nu, vous êtes armés ; si donc vous me haïssez et voulez me tuer, assassinez-moi. » Après cela il pensa qu'ils le haïssaient, qu'ils étaient furieux de ce qu'il avait fait, il se méfia donc d'eux : il se ceignait d'une épée même dans la Ville, il les opposait les uns aux autres pour qu'ils ne soient jamais d'accord, parlant à chacun d'eux des autres comme à un ami très cher ; jusqu'à ce qu'ils

comprennent son but et l'abandonnent aux conspi-
rateurs. [Zonaras, 11, 6]

Ce même Caius s'empara de Cerealis et de son
fils Papinius, sénateurs tous deux, et les tortura
pour qu'ils donnent les noms des conjurés. Cerealis
ne dit absolument rien ; mais les suspects furent
immédiatement exécutés sous ses yeux. Parmi eux
se trouvait Bassus. Il veilla même à ce que son père,
qui n'était absolument pas soupçonné, même à
tort, qui n'encourait aucune poursuite, soit présent
pour assister à l'exécution de son fils. Comme le
vieillard demandait s'il pouvait fermer les yeux,
Caius ordonna de le mettre à mort aussi, après
l'exécution des autres. Le vieillard répondit, par
feinte, que la décision du Prince était juste ; que lui
et les autres étaient bel et bien au nombre des
conjurés, mais qu'il y avait beaucoup d'autres
complices avec eux. Sommé de donner des noms, il
nomma tous les proches de Caius et les garants de
ses vices. Il aurait provoqué d'énormes bouleverse-
ments, s'il n'était allé jusqu'à nommer les amis les
plus proches de Caius : car il se discrédita ainsi, et
les autres avec lui. Il fut exécuté. [Pierre le Patrice,
Exc. Vat., 29]

Puis il condamna à mort Betillinus Cassius, et
força son père Capito à assister au supplice, alors
qu'il n'était coupable de rien, même pas accusé. Et
lorsque Capito lui demanda s'il pouvait au moins
fermer les yeux, il ordonna de l'exécuter également[105]. [Xiphilin, 167, 22-27]

(26) (1) C'est un certain Protogénès qui était le
garant de ses pires actions ; il portait toujours deux
écrits avec lui, il nommait l'un l'*Épée* et l'autre le
Poignard. (2) Il entra un jour à la Curie, comme

pour un tout autre motif ; et comme tous les sénateurs, bien naturellement, venaient lui parler et lui
tendaient la main, il adressa à Scribonius Proclus
un regard perçant et lui dit : « Toi aussi tu me
salues, toi qui hais tant l'Empereur ? » En enten-
dant ces mots les sénateurs présents entourèrent
leur collègue et le taillèrent en pièces[106]. [Xiphilin,
167, 27 — 168, 4]

Comme Caius s'en réjouissait et leur annonçait
leur réconciliation, les sénateurs votèrent en son
honneur des jeux ; ils décrétèrent aussi qu'il y
aurait une haute tribune dans le Sénat lui-même,
pour que personne n'atteigne son niveau, et qu'il
bénéficierait de gardes du corps, même en ces
lieux ; ils décidèrent aussi que ses statues seraient
gardées. (3) Tout réjoui par ces dispositions, Caius
abandonna sa colère et, en jeune homme impulsif
qu'il était, il prit d'utiles décisions.

En effet il relaxa Pomponius qui était accusé de
complot contre lui, parce qu'il avait été trahi par
un ami ; quant à sa compagne, comme elle n'avait
rien dit sous les tortures, il ne lui fit rien de mal ;
(5) plus : il lui offrit de l'argent. Couvert d'éloges
pour ces mesures, éloges motivés moitié par la
crainte moitié par la sincérité, désigné par les uns
comme un demi-dieu et par les autres comme une
vraie divinité, il perdit complètement la raison. Il y
avait déjà quelque temps qu'il souhaitait être considéré comme un surhomme ; il disait aussi qu'il avait
commerce avec la Lune, qu'il était couronné par la
Victoire[107]. Il feignait aussi d'être Jupiter, et se servait de ce prétexte pour avoir des relations avec bon
nombre de femmes, et surtout ses sœurs. (6) Il
incarnait Neptune également, parce qu'il avait jeté

un pont sur une immense étendue de mer ; ou bien
Hercule, Bacchus, Apollon et toutes les autres divi-
nités, pas seulement masculines, mais aussi fémi-
nines. Souvent il devenait Junon, Diane, Vénus. Et
selon le nom qu'il adoptait il prenait aussi l'apparence correspondante, afin d'être à leur ressemblance. (7) Un jour on le voyait en accoutrement
efféminé, avec une coupe et un thyrse à la main, un
autre jour il était en homme, avec une massue et
une peau de lion, ou bien un casque et un bouclier.
Il apparaissait avec le menton rasé puis avec une
barbe ; il arrivait qu'il tînt un trident, puis brandis-
sait la foudre. Il ressemblait tour à tour à une vierge
chasseresse ou guerrière, et tout de suite après à
une femme. (8) C'est ainsi qu'il variait méticuleusement le pli de sa robe, ses accessoires, ses coiffures,
et il voulait ressembler à tout sauf à un homme ou
un Empereur. Un jour, un Gaulois le vit rendre des
oracles du haut d'une tribune, maquillé en Jupiter ;
il se mit à rire ; (9) Caius le fit interpeller et lui
demanda : « De quoi ai-je l'air, d'après toi ? » Le
Gaulois répondit (je rapporte ses paroles même) :
« Un grand fou. » Il n'eut cependant aucun ennui,
car il était cordonnier ; ce genre de personne sup-
porte mieux la liberté de langage chez le commun
des mortels que chez ceux qui occupent une position plus digne. Tels étaient donc ses accoutrements, (10) quand il voulait prendre l'apparence
d'un dieu ; et il se voyait adresser des supplications,
des prières, et même des sacrifices en conséquence ; en d'autres circonstances il apparaissait en
public en vêtement de soie ou en appareil triomphal[108].

(27) (1) Il embrassait très peu de personnes. Et il

ne tendait à la plupart des sénateurs que la main ou le pied ; c'est pourquoi ceux qu'il embrassait lui en montraient leur reconnaissance jusque dans le Sénat, bien qu'il embrassât devant tous les danseurs tous les jours. (2) Et toutes ces manifestations qui s'adressaient à lui comme à un dieu, étaient non seulement le fait de la multitude et de ceux qui passent leur temps en flatteries, mais le fait aussi de gens tout à fait bien considérés [Xiphilin, 168, 4-169, 11 ; *Exc. Val.*, 211].

Lucius Vitellius, par exemple, qui n'était pas sans noblesse ni intelligence, qui s'était même rendu célèbre depuis sa charge de gouverneur de la Syrie (son administration avait été par ailleurs brillante, (3) et il avait en particulier frappé d'épouvante Artaban qui complotait contre la Syrie, dans la mesure où il n'avait pas été inquiété pour son action contre l'Arménie ; il était allé à sa rencontre tout d'un coup alors qu'il se trouvait déjà près de l'Euphrate, l'avait amené à parler, l'avait forcé à sacrifier aux images d'Auguste et de Caius et était convenu avec lui d'une paix avantageuse aux Romains ; il avait même pris ses enfants en otages) ; (4) ce Vitellius donc fut convoqué par Caius qui avait l'intention de le supprimer (on lui reprochait ce que les Parthes avaient reproché à leur roi qu'ils avaient chassé ; on le haïssait par jalousie, on le persécutait par crainte ; car Caius détestait ceux qui lui étaient supérieurs ; il se méfiait de celui qui réussissait comme d'un futur comploteur). (5) Vitellius se sauva en contrefaisant son attitude, il se rabaissa par rapport à son rang, se jetant aux pieds de Caius, pleurant et se lamentant, lui adressant des honneurs divins, se prosternant devant lui et lui promettant, pour finir, de lui offrir des sacrifices s'il avait la vie sauve. (6) Par cette attitude il calma et se concilia l'Empereur au point de détourner le danger, et même de devenir un de ses meilleurs amis. Un jour que Caius prétendait avoir des relations avec la Lune, il demanda à Vitellius s'il voyait la déesse s'unir à lui ; et Vitellius, les yeux au sol comme ébahi, lui répondit en tremblant : « À vous seuls les dieux, mon maître, il est possible de vous voir les uns les autres. » C'est ainsi que Vitellius, désormais, en vint à surpasser en flatteries tous les autres[109]. [Xiphilin, 169, 11 – 170, 6 ; *Exc. Val.*, 212].

(28) (1) Caius ordonna qu'on lui élève à Milet, dans la province d'Asie, une enceinte sacrée ; il avait choisi cette cité parce que, disait-il, Diane s'était déjà approprié Éphèse, Auguste Pergame et Tibère Smyrne ; la vraie raison, c'est qu'il voulait s'emparer pour son usage personnel du temple, imposant et magnifique, que les Milésiens construisaient pour Apollon[110] ; (2) pour l'instant il alla jusqu'à se faire construire des temples à Rome même, l'un grâce à un décret du Sénat, et l'autre sur le Palatin, de son propre chef. Il s'était déjà ménagé une chambre dans le Capitole pour, disait-il, habiter avec Jupiter ; (3) mais ne pouvant supporter d'occuper la deuxième place dans cette cohabitation, et reprochant au dieu de s'être approprié avant lui le Capitole, il se fit construire en toute hâte un autre temple sur le Palatin, et voulut y placer la statue de Jupiter Olympien remodelée à sa ressemblance. (4) Il n'y arriva pas (le bateau assemblé pour son transport fut détruit par la foudre, et un grand éclat de rire, chaque fois que quelqu'un s'approchait pour toucher la statue, se

faisait entendre), lança au dieu des menaces et
s'érigea une autre statue. (5) Il coupa en deux le
temple de Castor et Pollux qui se trouvait sur le
Forum romain, se ménageant un passage au milieu
des deux statues pour se rendre au Palatin, ayant
ainsi, comme il disait, les Dioscures comme por-
tiers. Il se donna le titre de flamine de Jupiter[111] et
s'adjoignit comme prêtres sa femme Cæsonia,
Claude, et d'autres citoyens très riches, prenant à
chacun d'entre eux deux cent cinquante drachmes
pour cet honneur[112] ; (6) Caius officia en son
propre honneur, et fit de son cheval son collègue
de prêtrise. Et des oiseaux rares et de grand prix lui
étaient chaque jour sacrifiés. Au tonnerre, il répli-
quait par un tonnerre mécanique, et il répondait
aux éclairs par des éclairs ; et quand la foudre
tombait, il ripostait par un jet de pierre, en lançant
à chaque fois ce mot d'Homère : « Ou bien tu
m'enlèveras, ou bien je le ferai. » (7) Lorsque
Cæsonia mit au monde une petite fille trente jours
après les noces, il fit comme si cette naissance était
divine, se vantant d'être devenu père si peu de
temps après être devenu époux ; il la nomma Drusilla, l'emmena au Capitole, la plaça sur les genoux
de Jupiter comme si l'enfant était de lui, et confia à
Minerve le soin de la nourrir. (8) Mais ce dieu, ce
Jupiter (car à la fin il se faisait appeler ainsi, au
point que ce nom apparaissait dans les décrets)
agissait ainsi, et en même temps il amassait des
richesses de la façon la plus honteuse et la plus
terrible. Passons sur les denrées, les échoppes, les
procès[113], les jugements, les artisans et les esclaves
rapportant un salaire et autres procédés du même
genre dont aucun n'était exempté d'impôt ; (9)

mais ces logements ouverts dans le palais même, ces femmes de citoyens de premier rang, ces enfants d'hommes parmi les plus respectés, tous ces gens qu'il y installait et exposait à l'outrage, il tirait tout simplement profit d'eux ; les uns étaient consentants, les autres agissaient contre leur gré pour ne pas lui déplaire ; (10) tout cela, comment le passer sous silence[114] ? Mais d'une façon générale la foule n'en était pas fâchée, elle se réjouissait en même temps que lui de ses débauches et de ce qu'il se jetait sans cesse dans l'or et l'argent qu'il avait amassés de cette façon, s'y roulait[115]. (11) Cependant il fit paraître une loi sévère au sujet des impôts, la fit graver sur une plaque blanche en tout petits caractères qu'il fit suspendre très haut afin qu'on la lise le moins possible ; ainsi, beaucoup de gens tombaient sous le coup des peines encourues, par ignorance de ce qui était défendu et prescrit ; la foule accourut en toute hâte au Cirque, en poussant des cris terribles. [Xiphilin, 170, 6 — 171, 13 ; *Exc. Val.*, 213, 214]

Un jour le peuple se rassembla dans le Cirque et lui fit des reproches : il envoya les soldats contre eux ; à la suite de cela tous se calmèrent[116]. [Jean d'Antioche, *Fragm.* 84 M]

(29) (1) Comme il s'adonnait ainsi à toutes les folies, Cassius Chæreas[117] et Cornelius Sabinus, bien que tribuns des cohortes prétoriennes, complotèrent contre lui. Bon nombre prirent part à la conjuration et étaient dans le secret des opérations ; parmi eux il y avait Calliste[118] et le préfet du prétoire. [Xiphilin, 171, 13-18 ; Zonaras, 11, 7 ; Jean d'Antioche, *Fragm.* 84 M]

Pratiquement tout son entourage participait au

complot, à la fois dans leur intérêt et dans celui de la communauté ; et tous ceux qui n'avaient pas prêté serment à la conjuration mais qui la connaissaient ne disaient mot ; c'est même avec plaisir qu'ils en savaient l'existence. [Jean d'Antioche, *Fragm.* 84 M]

(2) Mais les vrais acteurs étaient les deux tribuns cités. Chæreas était un homme aux mœurs passéistes, et il avait une raison particulière d'être fâché contre Caius ; car Caius l'appelait « efféminé », bien qu'il fût un homme très viril, et il lui donnait, quand arrivait son tour, le nom de « Cupidon », ou « Vénus », ou un autre nom de ce genre. (3) Un présage avait peu de temps auparavant averti Caius de se méfier de Caius Cassius[119] ; et ce fut vers Caius Cassius, alors gouverneur d'Asie, que ses soupçons se tournèrent, dans la mesure où il descendait du Cassius qui avait assassiné César ; il le fit amener enchaîné ; mais le Cassius dont parlait la divinité, c'était Cassius Chæreas. (4) Un Égyptien, un certain Apollonius, prédit l'événement dans son pays ; convoqué à Rome pour cette raison, il fut amené devant Caius le jour où il devait mourir, mais son châtiment fut retardé quelque peu, et il fut ainsi sauvé. Voilà comme les choses advinrent. (5) Caius célébrait une fête sur le Palatin[120] et donnait un spectacle ; et en même temps il mangeait et buvait, tout en traitant les autres ; Pomponius Secundus, alors consul, portait les mets à sa bouche et, assis aux pieds de Caius, se baissait continuellement pour les embrasser. [Xiphilin, 171, 18 — 172, 8 ; Zonaras, 11, 7]

Chæreas et Sabinus, peinés par tous ces détails honteux, se dominèrent encore cinq jours. Mais lorsque Caius voulut danser et jouer la tragédie, les complices de Chæreas ne purent plus tenir ; ils épièrent Caius lorsqu'il sortit du théâtre pour voir des enfants, fils des plus nobles familles de Grèce et d'Ionie, qu'il avait convoqués pour qu'ils chantent un hymne composé en son honneur ; ils se saisirent de lui dans une ruelle et le tuèrent. (7) Quand Caius fut tombé, aucun homme présent ne se retint plus, son cadavre fut cruellement attaqué ; certains même goûtèrent de sa chair ; ils égorgèrent aussi sa femme et sa fille[121]. [Xiphilin, 172, 8-19 ; Zonaras 11, 7 ; Jean d'Antioche, *Fragm.* 84 M]

(30) (1) Caius agit ainsi pendant trois ans, neuf mois et vingt-huit jours ; et il apprit par expérience qu'il n'était pas un dieu. [Xiphilin, 172, 20-22 ; Zonaras, 11, 7 ; Jean d'Antioche, *Fragm.* 84 M.]

Ceux-là même qui s'agenouillaient devant lui, même en son absence, ils le conspuaient à présent ; celui qu'ils nommaient, par oral et par écrit, « Jupiter » et « dieu », ils en faisaient maintenant leur victime. Ses statues, ses portraits étaient abattus, car le peuple se souvenait de ses terribles souffrances.

Tous les soldats qui servaient dans les troupes de Germanie connurent troubles et soulèvements, au point qu'il y eut des meurtres. [Jean d'Antioche, *Fragm.* 84 M]

L'assistance se remémorait les paroles que Caligula avait tenues devant le peuple : « Si seulement vous n'aviez qu'une seule tête ! » ; ils lui prouvaient à présent que c'est lui qui n'avait qu'un seul cou, eux avaient une multitude de mains. (2) Lorsque la garde prétorienne s'agita en courant de tout côté et en demandant qui avait tué Caligula, Valerius Asiaticus[122], un ancien consul, les calma d'une façon

remarquable ; il grimpa sur un lieu élevé et cria :
« Ah si j'avais pu le tuer moi-même ! » Ils furent
stupéfiés et cessèrent leur agitation. [Xiphilin, 172,
22-31]

Lorsque sa mort fut annoncée, si l'on excepte un
petit nombre de ses intimes, tous se réjouirent ; ils
se rappelaient une phrase qu'il avait un jour pro-
noncée, alors qu'il étaient furieux contre le
peuple : « Si seulement vous n'aviez qu'une seule
tête ! » ; à présent ils répliquaient : « Toi tu n'as
qu'une tête, et nous avons beaucoup de mains. »
Comme quelques individus couraient en tous sens
et jetaient le trouble en criant : « Qui a tué Caligula ? », Valerius Asiaticus, un ancien consul,
monta sur un lieu élevé et cria : « Puissé-je l'avoir
tué moi-même ! » Les trouble-fête, stupéfaits, se
tinrent tranquilles. [Zonaras, 11, 7]

Après la mort de Caligula, les gens, dans la
mesure où il avait dit un jour qu'ils n'avaient
qu'une seule tête, lui lançaient en plaisanterie :
« Non nous n'avons pas qu'une seule tête, et nous
avons beaucoup de mains. » [Pierre le Patrice, *Exc.
Vat.*, 35]

Bon nombre de ses compagnons de débauche et
de crimes étaient furieux et excités ; ils essayaient
de calmer les soldats mais n'y parvenaient pas ; mais
Balerius Asiaticus, un ancien consul, les calma
d'une façon remarquable ; comme ils couraient en
tous sens et demandaient qui avait tué Caligula,
afin que justice soit faite, il monta sur une tribune
bien visible et il leur cria : « Plût au ciel que je l'aie
tué moi-même ! » Stupéfaits et pleins de respect
pour cet homme, les autres se calmèrent. [Pierre le
Patrice, *Exc. Vat.*, 36]

(3) Tous ceux qui accordaient quelque crédit au Sénat respectèrent leurs serments et se tinrent tranquilles. Au moment où ces événements avaient cours autour du corps de Caligula, Sentius et Secundus, les consuls d'alors, transportèrent immédiatement le trésor public au Capitole ; ils postèrent à sa garde la majorité des sénateurs et bon nombre de soldats, pour éviter tout pillage de la part du peuple. Et avec les préfets et les successeurs de Sabinus et Chæreas, ils réfléchirent sur ce qu'il fallait faire. [Jean d'Antioche, *Fragm.* 84 M]

NOTES

Livre 57

1. Pour une étude littéraire et historique du portrait de Tibère chez les différents historiens, voir Baar Manfred, « Das Bild des Kaisers Tiberius bei Tacitus, Sueton und Cassius Dio », *Beitr. zur Altertumskunde* nº 7, Stuttgart, Teubner, 1990.

2. Au sujet de Séjan, voir H. W. Bird, « L. Ælius Seianus and his political signifiance », *Latomus*, XXVIII, 1969, p. 61-98.

3. Son action contre les acteurs, le fait qu'il diminua leur salaire, interdit aux sénateurs et chevaliers de les fréquenter, et pour finir les bannit d'Italie, ne pouvaient que déplaire au peuple pour qui le théâtre et l'arène étaient les deux grandes distractions.

4. Tibère n'aimait pas le luxe, interdit par décret la vaisselle en or massif, les vêtements de soie pour les hommes ; mais il sut par ailleurs indemniser les victimes de catastrophes naturelles (incendies à Rome, séisme dans la province d'Asie), et il aida financièrement les sénateurs qui avaient subi des revers de fortune.

5. Il est immédiatement clair que Dion ne respectera pas la chronologie : cette synthèse illustre davantage un Tibère vieillissant que le Prince à ses débuts ; le § 7 au contraire est un vrai retour en arrière. On sent aussi, dans ces perpétuels balancements, dans ces rythmes binaires, la formation de l'historien en rhétorique de la deuxième sophistique.

6. En Campanie, où Auguste mourut en la présence, peut-être, de Tibère.

7. Dion Cassius veut dire que Tibère refusa de porter le prénom « Imperator » (Empereur), et le surnom « Auguste » ; il se fit appeler « Tiberius Cæsar Augustus ».

8. Sur le Forum et non sur le Champ de Mars, qui était l'endroit fixé pour le mausolée d'Auguste et le lieu de sépulture des Iulii et des Claudii.

9. On souligne généralement la fixité des regards de Tibère, qui ajoutait encore au malaise de ses interlocuteurs ; quant à savoir s'il voyait clair la nuit, sa myopie rendait sans doute la chose difficile ; mais ce détail correspond bien à l'apparence inquiétante de ce Prince qu'on jugea très vite capable de toutes les dissimulations. Suétone (68) souligne que Tibère voyait la nuit « pendant quelques instants seulement et lorsqu'ils (= ses yeux) venaient juste de s'ouvrir après le sommeil. » Pline (*HN*, 11, 54) en parle comme d'un pouvoir unique au monde. Voir D. Gourevitch sur la notion grecque de nyctalopie, « Le dossier philologique du nyctalope », *Hippocratica*, 1979, p. 167-187.

10. Asinius Gallus, fils d'Asinius Pollion, avait épousé Vipsania Agrippina, fille de M. Agrippa, la première épouse, bien-aimée, de Tibère. Le couple avait eu un fils après six ans de mariage, Drusus. Mais Auguste les a obligés à divorcer pour marier Tibère à Julie, déjà deux fois veuve, de Marcellus et Agrippa. Velleius Paterculus (2, 96, 1) et Suétone (*Tib.*, 7, 4) disent tous deux que la séparation fut cruelle. La liberté d'allure de Julie, ses infidélités feront que ce second mariage ne sera pas heureux ; un fils mourut très jeune, et l'attitude de Julie fut peut-être la cause du départ de Tibère pour Rhodes en 6 avant J.-C ; voir Tacite (*Annales*, 6, 51, 2) et Flavius Josèphe (*Ant. Jud.*,18, 180). C'est sans doute le rappel de ce passé douloureux, autant que la maladresse de son intervention, qui rend Gallus insupportable à Tibère. Les deux hommes auront plusieurs occasions de se heurter, et Asinius Gallus mourra lamentablement, incarcéré trois ans, jamais jugé, mort d'inanition en 33 après J.-C, victime de la haine jalouse de l'Empereur (58, 4).

11. Selon Tacite (*Annales*, 1,5), Auguste se serait réconcilié au dernier moment avec son héritier Agrippa Postumus ; suivant cette version, c'est Livie qui aurait fait assassiner le jeune homme pour donner le trône à son fils.

12. Tibère est le fils de Livie et de Tiberius Claudius Nero, mais il avait trois ans lorsque ses parents ont divorcé pour

laisser Livie épouser Octave-Auguste, en 38 avant J.-C. Tibère fut élevé dans la maison de son père, dans les valeurs des Claudii, aristocrates républicains. Même s'il rejoindra après la mort de son père la maison maternelle, c'est-à-dire la famille impériale, Tibère supportera toujours très difficilement sa mère.

13. Agrippa Postumus, petit-fils d'Auguste devenu en même temps que Tibère son fils adoptif, relégué depuis l'an 7 dans l'île de Planasie, au large de la Corse, en raison de sa violence devenue pathologique. Un sénatus-consulte l'a même condamné à la détention à perpétuité, ses propriétés versées au trésor militaire.

14. C'est, officiellement, le chevalier Sallustius Crispus, confident d'Auguste, successeur en cela de Mécène, qui envoya en Corse une lettre donnant au tribun chargé de sa garde l'ordre de l'exécuter. Lettre officielle il y eut, mais de qui ? Au centurion venu rendre compte de sa mission, Tibère affirma n'avoir jamais commandité ce meurtre ; Livie, anxieuse de voir le dernier descendant de la famille Julia supplanter les Claudii (Tacite, *Annales*, 6, 2) ? Auguste lui-même, avant sa mort, afin d'assurer à Tibère une succession sans faille ? Peut-être, dans la mesure où le chevalier avait toute sa confiance, Auguste a-t-il voulu régler ce dernier « détail » avec son testament ; il avait de toute façon renié ce petit-fils depuis longtemps.

15. Ils veulent une prime en argent et non le lot de terre qui leur était normalement accordé.

16. Ce Junius Blæsus est l'oncle de Séjan, déjà Préfet du prétoire à ce moment-là grâce à l'amitié qui le lie à Tibère. L'armée (trois légions) était excitée par Percennius, connu à Rome pour son talent oratoire, et par un certain Vibulenus, qui poussaient les hommes à réclamer les mêmes avantages que les prétoriens de Rome.

17. Les deux meneurs Percennius et Vibulenus sont exécutés devant les légionnaires, les autres responsables sont rapidement supprimés et les légions rejoignent sans plus de revendications leurs quartiers d'hiver, en octobre.

18. Germanicus, à peine trente ans, était le neveu et fils adoptif de Tibère.

19. Piètre raison ; Germanicus a sans doute tout simplement constaté que son geste théâtral n'a pas eu l'effet escompté...

20. Varus, ancien gouverneur de Syrie, peu au fait des réalités de Germanie, s'était laissé entraîner avec ses hommes dans la sombre et marécageuse forêt de Teutoburg, trompé par les chefs des Chérusques Arminius et Segimer. Les Germains massacrèrent dans ce piège trois légions, avec leurs troupes auxiliaires ; c'est surtout les tortures et mutilations infligées aux Romains qui frappèrent les esprits ; les survivants racontèrent les yeux arrachés, les langues et les mains coupées de leurs compagnons.

21. La délégation est venue pour annoncer à Germanicus qu'il dispose, depuis leur dernière assemblée, de l'*imperium proconsulaire*.

22. Agrippine était donc la petite-fille d'Auguste, la seule qui réponde aux espoirs de son grand-père ; le dévergondage de Julie la Jeune était connu depuis longtemps ; Agrippine au contraire, se veut l'exemple de la matrone romaine, la femme des temps anciens. Elle aura neuf enfants, dont six survivront (elle attend le septième pendant ces événements), et suit son mari dans tous ses déplacements : sa présence au milieu des légions de Germanie le prouve. Agrippine, digne fille de son père, aura plusieurs occasions de s'opposer à son oncle l'Empereur, et leur dernier affrontement sera fatal.

23. Caligula, deux ans, était devenu presque la mascotte des légions, et Germanicus comptait sans doute sur l'attachement des soldats à sa famille pour faire cesser leur sédition ; c'est bien ce qui se passa puisque les soldats se calmèrent lorsque Germanicus annonça le départ en lieu sûr, chez les Gaulois, de sa famille.

24. Malgré l'hiver imminent, Germanicus traverse le Rhin et lance ses hommes dans une expédition de pillage. Campagne très rapide uniquement vouée à l'oubli et à l'expiation de leur récente mutinerie ; massacres et pillages les calment effectivement, juste avant de regagner leurs quartiers d'hiver (Tacite, *Annales*, 1, 49,3 — 51).

25. C'est un an plus tard seulement que Tibère reviendra sur cette concession, pour des raisons de frais excessifs et insupportables pour le trésor militaire ; mais le service est resté un court moment à seize ans.

26. C'est le *quinquennium*, les cinq ans, période heureuse du règne de Tibère (14-20 après J.-C).

27. Fidèle à son éducation républicaine reçue dans la maison de son père, Tibère voulait sans doute sincèrement redon-

ner au Sénat l'intégrité de ses fonctions ; désireux aussi sans doute de déléguer un pouvoir qu'il n'avait pas désiré.

28. Voir Suétone, 26 et Tacite, *Annales*, 1, 72. Tacite précise qu'il refusa ce titre à plusieurs reprises.

29. Tibère avait fait lui aussi du vivant d'Auguste une brillante campagne en Pannonie, qui lui avait valu les honneurs triomphaux.

30. Mais il l'admettra plus tard, en faisant qui plus est profiter son ami Séjan...

31. Ces usages renvoient aux serments *in acta Cæsaris,* et aux étrennes offertes traditionnellement à Auguste par l'ensemble des citoyens.

32. La loi de majesté existait depuis longtemps, le IIe siècle avant J.-C, mais renvoyait à une tout autre réalité : trahison à l'égard de l'armée, sédition contre la plèbe, mauvaise gestion des affaires publiques (Tacite, 1, 72). Cette loi, déjà exploitée par César et Auguste dans leur intérêt personnel, en particulier contre les auteurs d'écrits diffamatoires, deviendra sous Tibère, surtout à partir de l'année 20, une façon d'incriminer les non-criminels.

33. Tibère était économe, contrairement à Auguste et à ses successeurs ; ce goût pour l'économie va de pair avec son refus du paraître, du prestige personnel, du spectacle, au début de son règne tout au moins. Ce temple d'Auguste est à Nola, lieu de son décès (Suétone, *Auguste*, 40).

34. Il faut une fortune (avant tout des rentes foncières) d'au moins un million de sesterces pour appartenir à l'ordre sénatorial, et les aléas de la vie faisaient que certains sénateurs, soumis à des revers de fortune, ne pouvaient plus assumer leur rang.

35. Cette réplique lui avait été peut-être soufflée en 8 après J.-C, par un ennemi, Bato le Dalmate qui, lorsqu'il se rendit aux Romains, accusa les gouverneurs romains d'être les responsables de la guerre, des gouverneurs plus proches des loups que des chiens de bergers qu'ils devraient être, coupables d'exactions continuelles et insupportables à l'égard des peuples soumis. Tibère avait d'ailleurs réservé un traitement de faveur à cet ennemi.

36. Voir Sénèque, *De beneficiis*, 6, 34 : « Chez nous Caius Gracchus et Livius Drusus les premiers de tous établirent l'usage de séparer par groupes leur monde, et de recevoir les uns en audience privée, d'autres en petit comité, d'autres en masse. »

37. Cette froideur lui valait de nombreux ennemis, bien sûr ; peu attiré par les spectacles du cirque, très critique à l'égard du théâtre qui ne peut susciter que violences et immoralité, Tibère alla jusqu'à bannir d'Italie les acteurs en 23, soulevant la colère du peuple. L'anecdote que rapporte ici Dion Cassius est davantage la preuve de cette méfiance à l'égard des acteurs qu'un témoignage de son « caractère si égal ».

38. Cette précision est intéressante dans la mesure où Tibère n'était pas obligé de le faire ; on voulait même qu'un cadavre soit une souillure pour qui l'approchait, et le détenteur du pouvoir, par ailleurs et surtout grand pontife, devait s'en protéger encore plus que les autres ; on voit encore ici cette volonté de l'Empereur d'être une sorte de *Primus inter pares,* dans un Principat qui redeviendrait plus démocratique que sous Auguste. Suétone (32) se contente de dire qu'il accompagnait le corps jusqu'au bûcher.

39. Il est vrai que Livie eut une grande importance aux côtés d'Auguste, et à la mort de son mari, devenue sa fille adoptive (nommée désormais Julia Augusta), elle reçut le tiers de sa fortune, ce qui accrut encore son importance ; elle avait beaucoup agi pour que sa descendance, celle des Claudii, accède au pouvoir avant celle de la famille Julia, et elle pensait sans doute que son fils, parvenu effectivement au pouvoir, respecterait ses conseils et régnerait avec elle comme Auguste l'avait fait.

40. Cette anecdote est révélatrice du changement d'attitude de Tibère, car ce genre de plaisanterie était assez habituel lors des funérailles ; elles servaient à conjurer le mauvais sort, la crainte que la mort inspirait, et Tibère n'avait pas de raison d'y attacher autant d'importance.

41. Le grec donne soixante-cinq drachmes et nous avons choisi de respecter le chiffre et la monnaie grecque ; on peut penser à une équivalence en sesterces de trois cent vingt-cinq sesterces, qui sont à rapprocher du legs de Jules César au peuple romain : trois cents sesterces par tête (Suétone, 83). Nous continuerons à proposer une équivalence de 1 x 5.

42. L'événement se passe en 15 ; les cinq sénateurs chargés de l'affaire (deux seulement selon Tacite, 1, 76 : Ateius Capito et Lucius Arruntius) proposent de détourner les affluents du Tibre, ce qui soulève bien sûr les protestations des riverains qui refusent de se voir privés des rivières arrosant leurs cités ; Tibère devra abandonner ce projet.

43. Castor est le nom d'un célèbre gladiateur de l'époque.

44. Comme si les gens demandaient de l'eau dans un banquet !

45. Au moment où le peuple réclame que soient augmentés les salaires des comédiens, Tibère les diminue. Afin de réduire le prestige excessif qu'ils avaient acquis dans le cœur du public, l'Empereur commence par interdire aux sénateurs et aux chevaliers de les fréquenter ; mais les troubles continueront, et en 23, devant les violences qui continuent à endeuiller les spectacles, d'atellane en particulier, Tibère décide de bannir d'Italie les acteurs. Ils ne reviendront que sous Caligula (Suétone, 37).

46. Pour cette anecdote, voir Suétone, 71. « Emblème » est un terme technique de la ciselure, qui désigne les objets sculptés soudés sur une pièce d'argenterie.

47. Il s'agit bien sûr de Jules César.

48. Il s'agit du consul suffect de l'année 16, Lucius Vibius Rufus Rufinus.

49. C'est Thrasylle qui, à Rhodes, a donné à Tibère le goût de l'astrologie et de l'astronomie ; Thrasylle est un mage chaldéen qui restera son ami jusqu'à la mort (Tacite, 6, 21).

50. Ces deux affaires, celle de Scribonius Libo et de Clemens, se déroulent en 16 ; Tibère ne fit pas ouvertement exécuter Clemens ; il le fit tuer dans une des salles du Palatin et fit discrètement disparaître son corps. Malgré l'échec de ces deux complots, Tibère sent à ce moment-là toute l'hostilité dirigée contre lui, surtout de la part de la lignée Julia.

51. Il s'agit de Marcus Pomponius Marcellus ; Suétone parle de ces deux personnages dans son ouvrage *De Grammaticis et Rhetoribus*, 7 et 22.

52. Le trésor d'Archelaüs permit à Tibère de diminuer de moitié le montant de la taxe du 1/100 que devaient payer les acquéreurs au moment de la conclusion d'un marché.

53. Voir Pline (*HN*, 2, 84) qui donne douze villes ayant bénéficié de cette aide ; voir aussi Tacite, 2, 47, et Pline, *HN*, 6,1.

54. C'est un vrai pèlerinage sur les lieux du désastre qu'effectuent Germanicus et ses hommes ; il y avait dans son armée des rescapés du carnage, et ils n'eurent aucun mal à retrouver dans la forêt de Teutoburg les vestiges du camp qu'avaient installé les trois légions de Varus. Ils rassemblèrent dans une fosse commune les ossements épars, sans trop savoir

s'ils ramassaient des os de Romains ou de Germains, rendirent les honneurs funèbres et élevèrent un tumulus commémoratif ; mais Tibère apprécia fort peu son initiative (Tacite, 1, 61). Germanicus, augure, n'aurait jamais dû, en raison de la souillure rituelle, construire de ses mains le tumulus commémoratif.

55. Taches livides sur le visage et sur le corps, écume sortant de la bouche, ce sont les indices qui laissent croire à un empoisonnement, sans vraiment le prouver. Germanicus mourant accusa lui-même Piso et sa femme avant de s'éteindre, le 10 octobre 19.

56. Tacite (3, 16) propose, sans trop y croire, une autre version : Piso ne se serait pas donné la mort, mais on aurait envoyé quelqu'un pour le tuer. De toute façon la sanction fut relativement légère eu égard à la gravité des crimes (désobéissance par rapport à Germanicus, son supérieur, qu'il l'ait assassiné ou non, soulèvement des légions) ; sa famille fut épargnée, leurs biens ne furent pas confisqués. Solidarité nobiliaire de la part de Tibère ? Clémence à l'imitation d'Auguste ?

57. C'est-à-dire plus de dix millions de sesterces ; voir Sénèque, *Consolation à Helvia*, 10.

58. Depuis Auguste, c'est un chevalier qui gouverne l'Égypte ; Seius Strabo appartient donc à l'ordre des chevaliers et est devenu Préfet d'Égypte.

59. Voir Tacite, 3, 49-51 ; Marcus Lepidus avait essayé de commuer sa peine en exil, appuyé seulement par Rubellius Blandus ; les autres soutenaient la motion d'Haterius Agrippa qui réclamait la mort. Tibère se plaignit au Sénat de cette décision rapide pour de simples mots, « louant Lepidus sans, pour autant, adresser des reproches à Agrippa. Aussi prit-on un sénatus-consulte ordonnant que les décrets des Pères ne seraient pas envoyés au Trésor avant dix jours et que pendant ce temps les condamnés conserveraient la vie. »

60. L'anecdote est célèbre et rapportée à la fois par Pétrone (51), Isidore, Pline (*HN*, 36, 26, 66) ; l'homme avait inventé un verre flexible qui, en tombant, s'était seulement bosselé comme du métal ; Pétrone précise que l'homme utilisa un marteau pour le redresser. Tibère s'assura que personne n'avait percé le secret et mit à mort immédiatement l'inventeur, convaincu que, si le procédé se vulgarisait, l'or perdrait toute sa valeur.

61. Voir Tacite, 4, 3 et 8 et Pline, 29, 1 ; Tacite mentionne que c'est Drusus qui, lors d'une altercation, avait frappé Séjan au visage. Quant à la femme de Drusus, elle se nomme selon les auteurs, Livia ou Livilla ; il s'agit de Claudia Livilla, fille de Drusus (I) et sœur de Germanicus. Mariée d'abord par Auguste à son petit-fils Caius César en 1 avant J.-C., elle devint veuve en 4 après J.-C. et épousa Drusus (II), son cousin germain. C'est l'eunuque Lygdus qui administra le poison à Drusus.

62. Cette même Marcia pour qui Sénèque écrivit ; voir sa *Consolation à Marcia*, 1.

63. Tacite (1, 73) semble indiquer qu'il s'agissait d'une statue de l'Empereur Auguste.

64. Voir Tacite, 4, 29 ; il s'agit de Cnæus Cornelius Lentulus, consul en 18 avant J.-C. Ils étaient deux accusés, Lentulus et Seius Tubero, tous deux très renommés et amis intimes de l'Empereur ; ils furent très vite mis hors de cause et l'accusateur, Serenus, fut renvoyé à Amorgos.

Livre 58

1. Tibère eut toujours tendance à annoncer ses voyages sans jamais les concrétiser. Au début de son règne, il annonça à de multiples reprises des voyages dans ses provinces ou auprès de ses légions, et au dernier moment, après la mise en place de tous les préparatifs et l'accomplissement des rites religieux, il annulait tout. De même, après son départ à Capri, il annonça maintes fois, comme autant de menaces, son retour à Rome, sans jamais l'accomplir.

2. La catastrophe la plus spectaculaire fut celle de Fidènes, près de Rome. Ce fragment en rejette la responsabilité sur Tibère. En réalité Tibère avait interdit à Rome les spectacles de chasse non par caprice mais pour des raisons de sécurité et de moralité ; les passionnés de spectacle organisèrent donc des chasses à l'extérieur de Rome, dans des conditions d'insécurité totale, et l'amphithéâtre que construisit, par exemple, Atilius, un affranchi, ne satisfaisait à aucune norme de sécurité : sans fondations, sans charpente assujettie de façon fiable, l'amphithéâtre s'écroula sur cinquante mille spectateurs, et Tibère se rendit de Capri en Campanie pour partager le deuil des Romains venus en foule. Peut-on vraiment en tenir Tibère responsable ?

3. Latiaris est un ancien préteur à la solde de Séjan. Sabinus, le chevalier trop crédule, coupable d'avoir été l'ami de Germanicus, fut condamné aux Gémonies le 1ᵉʳ de l'an 29. Voir Tacite, *Annales*, 4, 68.

4. Tibère ne revint même pas à Rome pour les funérailles de sa mère, bien qu'il ait, selon son habitude, annoncé sa venue ; c'est le jeune Caligula, 17 ans, qui prononça l'éloge funèbre de son arrière-grand-mère.

5. Livie avait épousé Octavien en 38 avant J.-C et, malgré les raisons politiques de ce mariage (sa famille ralliait à Octavien une grande partie de la noblesse, les Claudii, les Æmilii, les Valerii, etc.), leur union dura cinquante-deux ans, jusqu'à la mort du Prince. Livie garda une influence déterminante jusque dans ses orientations politiques, luttant également pour favoriser ses enfants, les Claudiens, contre les descendants d'Auguste, les Juliens.

6. L'absence de Tibère favorisait les visées de Séjan ; en 31 c'est Séjan qui, en ville, représente le pouvoir ; malgré ses origines modestes (il n'est que chevalier), il est consul en même temps que Tibère, épouse Julia Livilla, la petite-fille de l'Empereur, et n'a plus à attendre que la puissance tribunicienne que Tibère lui laisse d'ailleurs espérer. Avant lui, seuls trois chevaliers ont eu une grande influence : Caius Cornelius Gallus et Mécène auprès d'Octavien-Auguste, et Sallustius Crispus auprès de Tibère, celui qui se chargea de l'assassinat d'Agrippa Postumus.

7. Voir le § 7.

8. La détention de Gallus dura quatre ans, en attente continuelle du retour annoncé maintes fois de Tibère qui voulait procéder lui-même au procès de Gallus. Il mourut en 33, d'inanition.

9. Drusus César était le second fils de Germanicus ; il a contribué à la perte de sa propre mère Agrippine et de son frère Néron, avant de mourir à son tour sous les coups de Séjan ; c'est la femme de Drusus, Æmilia Lepida, qui permit à Séjan d'éliminer ainsi un descendant de plus de la famille de Germanicus.

10. Séjan avait voulu épouser Julia Livilla, la veuve de Drusus et sa maîtresse, après répudiation de son épouse Apicata. Il avait essuyé le refus de Tibère, inquiet devant ce qu'il considérait comme une mésalliance. Il prend sa revanche en épousant Julie, la propre fille de Julia Livilla.

11. Outre le consulat obtenu sans avoir exercé aucune des autres magistratures préliminaires, Séjan a obtenu l'*imperium* proconsulaire sur les provinces, jouant un peu auprès de Tibère le rôle qu'avait joué Agrippa auprès d'Auguste ; c'est peut-être une lettre d'Antonia, sa belle-sœur, fin 30 ou début 31, qui prend le relais de Livie dans la défense de la famille et dénonce à Tibère les menées criminelles de Séjan, mettant ainsi un terme à l'amitié aveugle qui le liait à lui.

12. Ils étaient tous deux amis intimes de Livie, comme le confirme Jean d'Antioche. Caius Fufius Geminus était un ancien consul.

13. Le grec donne le mot *galè* ; le mot renvoie à divers animaux dont la belette, le putois, le furet, peut-être le chat... Dans la mesure où il s'agit toujours d'un petit carnassier, nous prenons la liberté de choisir la belette, en sachant néanmoins que d'autres traductions sont possibles.

14. Le fils de Germanicus ; voir Dion Cassius, 57, 18, 10 et Suétone, *Tib.*, 54.

15. Ce privilège est réservé aux Empereurs et à leurs « dauphins » ; cela lui donnait des pouvoirs analogues à ceux des tribuns (*intercessio, veto, ius auxilii, sacrosanctitas...*) ; voir F. Jacques et J. Scheid, *Rome et l'intégration de l'Empire*, Paris, 1990, p. 34.

16. La nuit du 17 au 18 octobre.

17. Son corps fut tiré par un croc jusqu'aux marches des Gémonies ; voir Juvénal, *Satire* X.

18. Son oncle également, Junius Blæsus, fut exécuté. Apicata avait été répudiée lorsque Séjan avait pris pour compagne Livilla. Les trois enfants de Séjan furent assassinés : son fils aîné d'abord, puis, un mois après, les deux plus jeunes, Capito Ælianus, et la petite Junilla, qui ne devait pas avoir plus d'une dizaine d'années.

19. Il resta près de neuf mois enfermé ainsi dans sa Villa de Jupiter, stupéfait sans doute d'apprendre que celui qu'il croyait sincèrement son ami avait en fait tué son fils.

20. Plautianus, le Préfet du prétoire ; voir livre 75, 14.

21. Dans un passage perdu, puisque nous n'avons cette précision nulle part.

22. C'est Togonius Gallus qui fit cette proposition devant les sénateurs.

23. Gallio agit trop à la manière de Séjan, qui favorisait à l'excès les prétoriens.

24. Dans sa crainte quasi pathologique qui l'empêcha toujours de rentrer à Rome, Tibère demanda et obtint du Sénat une garde d'honneur qui puisse assurer sa sécurité ; malgré cela, il s'arrêta à six kilomètres de Rome ; la même année il s'arrêta à Antium pour le mariage de Caligula. En 34 il séjournera quelque temps dans la région albaine, et à Tusculum, alors qu'on célèbre à Rome ses vingt années de règne. Il y reviendra en 36, sans jamais pousser jusqu'à la Ville, se contentant de contempler les remparts de loin. En ce qui concerne les unités de mesure, voir J. W. Humphrey's, « A note on *stadion* in Cassius Dio », *AHB*, IV, 1990, p. 17-22.

25. Les deux filles de Germanicus, Julia Drusilla et Julia Livilla épousent respectivement Cassius Longinus, un ancien consul et Marcus Vicinius. L'autre petite-fille, enfant de Drusus, Julia Livilla, épouse à la fin de 33 en secondes noces (après Néron César) Rubellius Blandus.

26. Tacite (6, 40) donne le nom de Vibulenus.

27. Polak préfère *ti emphagè* « pour qu'il mange quelque chose. Boissevain avoue ne pas comprendre *ti an phaiè* et imagine un *tèn aitian phaiè* qui s'accorde bien avec Tacite, 6, 26. C'est la solution que nous choisissons ici. Le sénateur Cocceius Nerva était un des plus fidèles compagnons de Tibère ; il semble que la mort de cet ami ait très sincèrement affligé l'Empereur.

28. C'est-à-dire cent millions de sesterces, si l'on pense à un rapport 1 drachme = 5 sesterces.

29. Sextus Marius était sans doute, grâce à Tibère, l'homme le plus riche d'Espagne ; il fut accusé d'inceste et précipité de la roche Tarpéienne.

30. Agrippine et son fils Néron César sont morts en fait à cause de Séjan, qui convainquit d'abord Tibère d'envoyer au Sénat une lettre contre la veuve de Germanicus. Malgré les appuis dont la famille de Germanicus bénéficiait encore, mère et fils sont déclarés ennemis publics. Agrippine fut exilée sur l'île de Pandataria, le même lieu d'exil que sa mère Julie ; Caius fut relégué tout près, sur l'île de Ponza. Drusus, l'autre fils, est emprisonné aussi dans un cachot du Palatin, après avoir contribué avec Séjan à perdre sa mère et son frère. Il est le premier à mourir, de faim, en 33, après neuf jours d'agonie. Quelques semaines après, le 18 octobre, Agrippine se laisse mourir de faim, deux ans jour pour jour après la mort de Séjan, après une détention très dure sur l'île de Pandata-

ria. Tibère maudit sa mémoire devant les sénateurs qui décident de célébrer désormais le 18 octobre par des actions de grâce.

31. Plancina avait en 19 compromis, avec son mari Piso, la famille de Germanicus, mais elle fut alors épargnée. En 33, elle fut emprisonnée et se tua avant son exécution.

32. Il s'agit de Tiberius Gemellus, qui sera assassiné comme l'avait prédit son grand-père à la fin de l'année 37.

33. Théorie invraisemblable, malgré le goût de Tibère pour les prédictions et l'astrologie. Dion Cassius écrit avec un recul de deux siècles qui permet de comparer *a posteriori* les Empereurs entre eux. Rappelons que Tibère n'a pas choisi officiellement son successeur.

34. Nauck, *Trag. Graec. Fragm.*[2], *Adesp.* 513.

35. En 58, 3, 6, il ne s'agit pas de Gallus mais d'un de ses compagnons.

36. Euripide, *Phén.*, 393 : — Polynice : « Du maître il faut savoir supporter les sottises. » — Jocaste : « Autre souffrance, d'être fou avec les fous. » (trad. H. Grégoire et L. Méridier, CUF, Les Belles Lettres) ; Mamercus Scaurus était un ancien consul.

37. L'arrestation de Drusus avait été assez secrète et son sort assez mystérieux pour qu'un usurpateur ait pu profiter de la situation.

38. Caligula épousa Junia Claudilla, fille de Silanus.

39. Ces événements se passent en 35.

40. Dion est seul à dire que Tibère a confisqué au Sénat ces régions qui lui avaient été confiées par Auguste (53,12,4) ; Claude les redonnera au Sénat (60,21,1).

41. Il s'agit de l'Ibérie d'Orient, au bord de la mer Noire.

42. En 37 Vitellius signera un traité de paix avec le souverain parthe, contractant ainsi une alliance avec un des peuples les plus hostiles en Orient. La diplomatie de Tibère fut donc, même à la fin de sa vie, sage et efficace.

43. Générosité tardive et rare chez cet Empereur réputé pour son avarice.

44. Lucius Arruntius était un ancien consul très apprécié en son temps.

45. Tibère résista quelque temps à la maladie, refusant l'assistance des médecins et distillant dans son entourage tour à tour la crainte et l'espoir.

46. Ce sont sans doute des rumeurs, créées plus tard par

des ennemis de Caligula, qui brosseront le tableau de ce vieillard étouffé sous les couvertures. Il semble bien que Tibère soit mort seul.

47. Elle était la petite-fille de l'astrologue Thrasylle, Oriental devenu citoyen romain. L'épouse de Caligula, Junia Claudilla, était morte en couches.

48. Il ne mourut pas le 26 mais le 16 ou le 17 mars. Circulent plusieurs versions de sa mort : empoisonné par Caligula (comme Claude), privé de nourriture (comme son petit-fils Drusus), étouffé sous les couvertures (voir Tacite), ou mort seul, ses serviteurs n'ayant pas répondu assez vite à son appel (Sénèque, repris par Suétone).

49. Caligula ramena le corps de Misène à Rome, et on l'incinéra le 3 avril ; l'éloge funèbre fut surtout un rappel et un éloge des actes d'Auguste et de Germanicus.

Livre 59

1. Voir à ce sujet R. F. Martin, *Les douze Césars, du mythe à la réalité*, Paris, 1991, qui renvoie à J. P. Balsdon, *The Emperor Gaius*, Oxford, 1964, p. 27 ; et J. Pigeaud, « Caligula, l'empereur fou », *L'Histoire*, n° 73, déc. 84, p. 27.

2. 59, 24, 3 : les préteurs ne remplissent pas non plus leurs fonctions : « Il eût fallu que les préteurs assument toutes ces dispositions, car c'est à eux qu'échoient toutes les charges des consuls quand ceux-ci s'absentent ; mais pour ne pas avoir l'air d'agir à la place de l'Empereur, ils ne remplirent aucune de leurs obligations. »

3. Voir livre 57, 5, 6.

4. Pas tout à fait : Tibère instituait Tibère Gémellus cohéritier avec Caligula. Fils de Drusus II, Gémellus était donc le cousin de Caligula ; ce dernier l'a adopté, sans doute pour maquiller la manœuvre qui l'avait privé du pouvoir, mais aussi pour gérer la grande fortune de Gémellus cohéritier avec lui de Tibère. Il sera Prince de la jeunesse au moment de revêtir la toge virile.

5. Quintus Nævius Cordus Sutorius Macro, devenu Préfet des vigiles et chargé par Tibère de l'élimination de Séjan. Il était devenu pendant les dernières années de l'Empereur un grand partisan de Caligula, ce que Tibère lui avait même ironiquement reproché (58, 28, 4).

6. Il le fit assassiner en 37, juste après sa maladie ; Gémellus s'était révélé un successeur possible et dangereux ; remarquons toutefois que Caligula ne fit là qu'imiter Auguste qui avait supprimé Césarion, le fils de 15 ans de Jules César et Cléopâtre, et Sallustius Crispus qui, envoyé par un mystérieux commanditaire, élimina Agrippa Postumus ; Gémellus eut droit à des funérailles discrètes mais décentes.

7. S'il avait vraiment annulé le testament, il se deshéritait en même temps que son frère ! Il le fit seulement réformer sur un point, procédant à une sorte d'ajournement de ses droits.

8. Caligula disposait d'un capital de deux milliards sept cent millions de sesterces que laissait Tibère. Il supprima aussi en deux temps la taxe du 1 % sur les transactions, l'abolissant totalement en 38.

9. Une monnaie montre Caligula haranguant les prétoriens, qui constituaient l'élite militaire et politique de l'armée civique.

10. Les Comices lui donnèrent la puissance tribunicienne et le titre de Grand pontife. 250 drachmes font environ 1 250 sesterces.

11. Cinquante-six millions deux cent cinquante mille sesterces.

12. Trois cents sesterces.

13. Soixante-quinze sesterces.

14. Six cent vingt-cinq sesterces.

15. Quatre cent vingt-cinq sesterces.

16. Des legs que Tibère avait refusé d'honorer, par haine pour sa mère morte huit ans auparavant ; est-ce le souvenir de Germanicus le bien-aimé qui hanta son avènement et poussa Caligula à faire ainsi preuve de générosité ? L'influence de Macro au début du règne dut aussi être bénéfique. Voir aussi Suétone, *Calig.*, 15 ; Flavius Josèphe, *Ant. Jud.*, 17, 206.

17. Deux milliards cinq cents millions de sesterces environ.

18. Quatre cents millions de sesterces environ.

19. Dans l'enthousiasme de l'investiture d'avril, le peuple donna à Caligula la puissance tribunicienne qui lui permettait de s'opposer à tout magistrat ; c'était un pouvoir viager qui le rendait sacrosaint et chef de la plèbe. Tous les notables d'Italie le choisirent aussi comme Grand pontife. Tout se passa sans la moindre opposition.

20. Il accepta ce titre six mois après, le 21 septembre ; il

estimait sans doute l'avoir enfin mérité, puisque telle était la justification de son refus initial.

21. Cette aïeule, la mère de Germanicus, avait contribué à la chute de Séjan ; elle était comme la gardienne des traditions familiales et Caligula avait été longtemps élevé chez elle. Il lui donne pour ainsi dire la première place, ce qui est peut-être une façon d'éviter de choisir entre ses trois sœurs. Ses funérailles le 1er mai furent grandioses ; elle avait 73 ans et Caligula hérita d'une partie de sa fortune.

22. Elles furent honorées collectivement, en particulier par des monnaies, des sesterces qui les représentent en *Securitas, Concordia* et *Fortuna*. Le serment officiel de fidélité à Caligula contenait cette clause : « Je ne serai pas plus attaché à moi-même ni à mes enfants que je ne le suis à Caius et, immédiatement après lui, à ses sœurs. »

23. Ce pèlerinage fut solennel et symbolique : Caligula rassemblait ainsi, par-delà la mort, les restes dispersés de la famille impériale. Il réitérait le geste de sa mère, qui avait rapporté également dans une urne, également par bateau, les cendres de Germanicus.

24. Dion Cassius insiste sur le changement d'attitude de Caligula sans préciser, ici tout au moins, que c'est sa maladie de 37-38 qui semble l'avoir fait basculer dans la tyrannie.

25. Tibère ne fut pas divinisé : d'une part on lui reprochait sa cruauté, et on se doutait aussi que le défunt eût dédaigné ces honneurs dont seuls avaient profité précédemment Jules César et Auguste.

26. C'était le 3 avril et Caligula, sincère ou non, montra néanmoins dans son éloge beaucoup d'émotion, contrairement à son deuxième discours, trois mois plus tard, devant les sénateurs.

27. Dion Cassius semble réitérer pour Caligula la présentation qu'il avait faite de Tibère : inconstance de l'Empereur mise en valeur par le rythme binaire des phrases.

28. En plus du Grand Cirque (150 000 spectateurs), Rome bénéficia grâce à Caligula d'un nouveau Cirque, qui sera achevé par son neveu Néron. Caligula se lia avec des cochers (Eutychès), d'origine sociale très humble en général. Il donna aussi aux spectacles de gladiateurs un caractère beaucoup plus populaire et fréquent qu'auparavant, sous Tibère par exemple. Mais malgré un penchant certain pour les spectacles de sang, il faut préciser qu'il n'a inventé aucun nouveau

spectacle et que la pompe de ses Jeux sera largement dépassée par ses successeurs (Trajan et Domitien par exemple). L'image de l'Empereur fou ivre du sang des gladiateurs, si elle repose sur une tendance réelle, est à replacer dans son contexte : la famille impériale, si l'on excepte Tibère lui-même, était friande de ces jeux (Drusus II en particulier).

29. Plus qu'un caprice, il faut peut-être voir là un signe de son rythme de vie complètement décalé ; il est notoire que Caligula dormait très peu, arrivant à confondre la nuit et le jour ; voir R. F. Martin, *Les douze Césars, du mythe à la réalité*, Paris, 1991.

30. Comme pour Tibère, Dion Cassius, après avoir fait une présentation synthétique de l'Empereur, revient en arrière au début de son règne.

31. Quintus Pomponius avait fait les frais de la purge qui suivit l'élimination de Séjan ; il sera accusé plus tard, compromis dans le « complot des jeunes gens » contre Caligula, mais sauvera sa tête ; on le retrouve encore mêlé à un complot contre Claude, où, cette fois, il mourra.

32. L'obole était la plus petite unité monétaire grecque ; elle valait un sixième de la drachme.

33. Claude était le fils d'Antonia, le frère de Germanicus ; il vivait jusqu'alors dans l'obscurité, bègue et claudiquant, peu représentatif de la dynastie ; son éducation était même restée incomplète, incapable qu'il était d'assumer les exercices de la palestre. mais il occupait une place respectable dans le cercle des chevaliers puisqu'il fut en mars 37 de l'ambassade partie en Campanie féliciter Caligula à la mort de Tibère. Il fut consul en même temps que Caius en juillet 37. C'était à la fois une façon de mettre à l'honneur un proche parent de Germanicus, et aussi une excellente occasion de placer à ses côtés un faire-valoir peu avantagé par la nature.

34. Le 1er juillet 37 : il promit de gouverner avec le Sénat, ce qui était une façon de désapprouver a posteriori Tibère qui gouvernait à distance, perpétuellement absent.

35. Ce temple avait été décidé en septembre 14 ; Caligula le dédicaça fin août, faisant de l'événement un nouveau symbole de sa piété filiale. Ce temple a complètement disparu ; il se trouvait sur le Forum, au pied du Palatin, dans un lieu très fréquenté ; des monnaies en gardent le souvenir.

36. Ou bien quarante fois, selon le manuscrit choisi (Bs).

37. Ou bien dix, d'après le manuscrit K.

38. Il s'agit du jeu de Troie, remis à l'honneur par Octavien, puis aboli par lui en raison des accidents fréquents ; ce jeu mettait en scène les fils de patriciens, de 6 à 13 ans. C'est Énée qui l'aurait inventé ; les enfants, vêtus à l'ancienne, accomplissaient, outre une parade équestre, des exercices de voltige et des simulacres de combats.

39. Ce qui correspond au char de Jupiter, le char de triomphe ne comportait, lui, que quatre chevaux.

40. Les *Sodales Augustales.*

41. Il y avait trois théâtres à Rome : celui de Pompée (17 580 places) et, plus récent puisque datant d'Auguste, celui de Marcellus (20 500 places) et celui de Balbus (11 510 places) ; le théâtre restait un divertissement de l'élite, le peuple préférait l'amphithéâtre, d'où les mesures prises par Caligula pour favoriser ce divertissement. Autant Tibère se méfiait du théâtre et expulsa à plusieurs reprises les acteurs, autant Caligula s'enticha (mais Auguste l'avait fait avant lui !) de divers comédiens, comme le tragédien Apelle ou le pantomime Mnestès.

42. Délai de dix mois.

43. Le *Diribitorium* était un bâtiment situé derrière les *Sæpta*, au Champ de Mars, où se déroulaient les comices centuriates. Caius avait fait tendre un *velum* afin que le public soit protégé des rayons du soleil.

44. Ces festivités furent très réussies et appréciées, couronnement de cinq mois de fêtes quasi ininterrompues. Caligula voulait sans doute se différencier totalement de son prédécesseur et asseoir sa popularité.

45. Suétone (*Vie de Caligula,* 17) ne parle que de deux mois, sans mentionner les douze jours. C'est après les festivités que la situation commença à se gâter.

46. Cette maladie reste assez mystérieuse ; on sait au moins qu'elle dura un bon mois et que l'attitude de l'Empereur changea radicalement à cette date.

47. Le petit-fils de l'Empereur Tibère, Tibérius Gémellus, son cousin précédemment adopté.

48. Gémellus fut accusé d'avoir comploté contre Caligula qui prétendit qu'un climat de méfiance insupportable s'était installé entre eux.

49. Caligula lui redonna donc la Commagène, un morceau de côte cilicienne et cent millions de sesterces pour compenser la saisie de son trésor par Tibère.

50. Agrippa aurait, selon Josèphe (18, 2, 10-18) fait une imprudence confidence selon laquelle il préférait voir Caius régner plutôt que son frère, d'où la haine de Tibère. Le prince juif était un personnage qui ne cessa d'intriguer, d'accumuler les dettes et de provoquer des drames, comme la mort de Flaccus, le Préfet-gouverneur d'Alexandrie (Philon, *Contre Flaccus*, 106-115).

51. La maladie de Caius avait fait craindre la venue au pouvoir de Gémellus. Il fut éliminé discrètement comme l'avaient été Césarion, le fils de Jules César et Cléopâtre, et Agrippa Postumus, le fils adoptif d'Auguste.

52. Voir Suétone, 14 et 27. Publius Afranius Potitus fut précipité du haut de la roche Tarpéienne. Ces deux exemples semblent relever de la *devotio*, rites de substitution qu'il importe de respecter si l'on veut que la santé de Caligula, donc celle de Rome, se rétablisse.

53. D'après Suétone, Secundus échappa à la mort dans l'arène et Caligula le jugea quitte de son engagement.

54. Père de Junia Claudilla, première femme de Caius. Il avait été consul en 15, à 50 ans, et appartenait à une belle famille de la noblesse sénatoriale, alliée aux Claudii par des mariages ; trop proche de Tibère, âgé déjà de 72 ans, il fut sans doute jugé encombrant par Caligula qui l'accusa d'avoir aspiré au pouvoir en ne l'accompagnant pas en avril 37 à Pandataria ; il se trancha la gorge, peut-être après la mort de Gémellus.

55. Pour Suétone (24), et Philon, elle mourut en couches ; Tacite (VI, 45) parle seulement de sa mort.

56. Orestina, s'il faut en croire les manuscrits, Orestilla chez Suétone. Pour lui avoir cédé sa femme, Caligula fit élire Piso frère arvale. Caligula les exila tous deux en les séparant.

57. 38 après J.-C. ; les deux consuls sont Marcus Aquila Julianus et Publius Nonius Asprenas.

58. C'était le cas dès l'année 37.

59. Cette couche est le *pulvinar* du dieu qui servait en certaines occasions, lorsqu'on célébrait par exemple le Banquet de Jupiter (*Epulum Jovis*, les *lectisternes*.) Là aussi, en ce 1er janvier, on a visiblement affaire à l'accomplissement d'un vœu pour la santé du Prince, liée à la santé de l'État tout entier.

60. Ils devaient être à peu près 20 000 dans l'Empire, 4 ou 5 000 à Rome. Caligula avait déjà procédé, le 15 juillet 37, à la

traditionnelle revue des chevaliers sur le Champ de Mars, vérifiant les listes et honorant cet ordre à l'égal du Sénat. Il les convia en août à un grand banquet avec leurs épouses, leur donnant ainsi les mêmes privilèges qu'aux sénateurs.

61. C'est-à-dire les magistratures curules.

62. Il fallait surtout avoir un capital de 400 000 sesterces.

63. Cf. 58, 20, 3-4.

64. Cf. 58, 16, 2. Il l'abolit en deux temps : réduite à 0, 5 % en 37, elle est supprimée en 38.

65. Selon Pline l'Ancien, il aurait entretenu et aurait fait combattre 10 000 paires de gladiateurs, alors que Tibère avait officiellement restreint la possibilité à 100 paires ; le chiffre est sans doute excessif, mais il reste vrai que Caligula encouragea les magistrats à organiser des jeux et il en offrit lui-même beaucoup. Mais cette abondance conduisit à une pénurie de combattants, et on en arriva à faire combattre des condamnés de droit commun. Et les anecdotes sur sa cruauté sont assurément nombreuses.

66. Suétone, 27 : il s'agit chez lui d'un chevalier à qui l'on infligea ce genre de torture.

67. Cf. 51, 23. Cet amphithéâtre de Statilius Taurus se trouvait sur le Champ de Mars et ne suffisait plus à la folie des spectacles de Caligula. Il entreprit d'en construire un nouveau, mais le chantier fut abandonné et il faudra attendre une quarantaine d'années pour que le Colisée remplace l'amphithéâtre de Taurus, lui-même disparu dans l'incendie de Rome en 64.

68. Cf. chap.4 et Suétone, 30. Quintus Nævius Cordus Sutorius Macro avait été un fidèle collaborateur de Tibère et avait favorisé la succession de Caligula. Par la suite, il fit deshériter Gémellus par le Sénat, favorisa l'ordre équestre et fut un précieux conseiller pour Caligula. Philon (*Legatio*, 69) l'accuse de s'être enflé comme Séjan. Son poste de gouverneur en Égypte constitue en fait une promotion par rapport à son poste de Préfet du prétoire, mais il dut remettre son commandement à ses successeurs, se retrouvant ainsi désarmé face à Caligula et convaincu d'avoir perdu sa confiance. L'Empereur lui interdit de rejoindre son poste, signe qu'un procès lui était intenté ; Macro prévint le procès en se tuant avec sa femme Ennia Thrasylla, protégeant ainsi leurs proches et leurs testaments, et l'attitude de Caligula fut qualifiée d'*impietas*.

69. Drusilla avait épousé en 33 Lucius Cassius Longinus, mais Caius les fit divorcer en 37 ; Suétone prétend qu'elle fut présentée comme l'épouse et l'héritière de Caius ; mais dès 38, Caligula épousa Cornelia Livia Orestina (Orestilla), promise à Lucius Calpurnius Piso qui eut droit, en dédommagement, à une place dans la confrérie des arvales. Il maria sa sœur à Marcus Æmilianus Lepidus, de noble naissance, qu'il désigna comme son héritier et à qui il permit d'accéder aux magistratures cinq ans avant l'âge légal. Selon Suétone, Caligula ne garda Orestilla que très peu de temps, et le 10 juin 38, Drusilla mourut. L'inceste avec ses sœurs est unanimement rapporté (Suétone, *Calig.*, 24 ; Flavius Josèphe, *Ant. Jud.*, 19, 204 ; Aurelius Victor, 3, 10 ; Orose, *Hist.*, 7, 5, 9). Cette attitude lui donne sans doute l'allure du monarque oriental, et satisfait sa grande admiration pour l'Égypte.

70. L'oncle de Caligula, Claude, fit partie de ce collège sacerdotal qui demandait un droit d'inscription de un million de sesterces.

71. La divinisation de Drusilla eut lieu le 23 septembre et ce fut une fête grandiose. Elle est ainsi placée au même niveau que Jules César et Auguste, avec un culte complet, temple et collège sacerdotal ; rien pourtant ne la prédestinait à connaître un sort aussi brillant, qui répond aux seules volontés de Caligula. On retrouve sa fascination pour les monarchies théocratiques, l'Égypte en particulier où les Princes épousent leurs sœurs et obtiennent les honneurs divins.

72. Cette anecdote n'est guère vraisemblable, mais la douleur de Caligula ne peut être mise en doute ; en signe de deuil, il se laissa pousser barbe et cheveux, se retira un temps dans sa maison d'Albe (voir Sénèque, *Consolation à Polybe*, 17, 4), puis partit au sud de l'Italie et en Sicile.

73. Memmius Regulus était gouverneur de Macédoine et d'Achaïe ; Caligula les rappela tous les deux et demanda au gouverneur de lui céder sa femme, issue d'une grande famille sénatoriale.

74. C'est-à-dire le royaume du Pont, sur la mer Noire.

75. Polémon, Rhœmetalkès et Cotys étaient les trois fils du roi thrace Cotys, que Caligula avait rencontrés chez sa grand-mère Antonia, avec qui les princes avaient sans doute des liens de clientèle (leur mère s'appelait Antonia Tryphænia). La cérémonie eut lieu en grande pompe au début de l'été 38, et tendait à assurer la fidélité de royaumes clients. Soémus était un cheik arabe.

76. Geste humiliant, mais qui sera vu plus tard comme un présage, lorsque Vespasien, après la guerre civile ayant suivi la mort de Néron, nettoiera la République des troubles précédents, comme il avait dû nettoyer la boue de son manteau.

77. Suétone, 55, 8 ; Incitatus était sans doute entouré des plus grands soins, reflet de la grande passion de Caligula pour les courses de l'hippodrome ; l'anecdote si célèbre de Caligula voulant faire de son cheval un consul est une boutade du jeune Prince qui, aspirant à une monarchie orientale et plein de mépris pour la charge de consul, survivance d'une époque républicaine révolue, juge son cheval digne d'en profiter. Mais ses plaisanteries d'un goût douteux, son humour bien personnel ne furent guère appréciés ni même compris par ses historiographes.

78. Le Sénat fut alors humilié comme il ne l'avait jamais été, ce qui met un terme à l'euphorie des débuts du règne.

79. Entre Baïes et Misène. La scène se passe en 39, sans doute durant l'été.

80. Rome dépendait surtout de l'annone, qui apportait tous les ans du blé de l'Égypte. De Baïes à Pouzzoles, le pont de vaisseaux, rangés sur deux rangs, faisait trois mille six cents pas. Le pont était recouvert de terre comme s'il s'agissait d'une voie terrestre.

81. Tout l'épisode fait penser à la démesure de Xerxès qui a voulu jeter, lui aussi, un pont et y faire défiler toute son armée ; il semble que Caius veuille l'imiter ; à moins qu'il veuille imiter Alexandre le Grand, vainqueur de Darius ? À ce souci de gloire s'ajoute une bonne dose d'humour et de cabotinage guère compatible avec les vieilles valeurs romaines, d'où les critiques malveillantes qu'il suscita.

82. Sénèque prétend qu'il dépensa dix millions de sesterces pour un seul dîner (*Ad Helviam*, 10, 4)

83. Le pont de Xerxès faisait sept stades de long (Hérodote, 7, 34) ; Suétone (19) donne les raisons de son entreprise : il voulait faire mentir une prédiction le concernant, selon laquelle il n'avait pas plus de chance d'être Empereur que de traverser à cheval la baie de Baïes.

84. D'après Tacite (*Annales*, 6, 9), ce Sabinus avait déjà été accusé, parmi d'autres, de lèse-majesté sous Tibère, mais sans conséquence. Il avait été consul en 26 ; son épouse Cornelia l'avait accompagné en Pannonie, avait pris pour amant un officier, Titus Vinius Rufinus ; et c'est en voulant l'accompa-

gner dans une de ses rondes qu'elle s'était habillée en homme pour passer inaperçue dans le camp. Mais si le prétexte du procès est cette histoire de mœurs, on comprend mieux la sévérité de Caligula en précisant que Cornelia était la sœur de Gætulicus, le général des armées d'Outre-Rhin qui fomenta un complot contre Caligula. Avec Gætulicus à la tête de quatre légions en Rhénanie, et Sabinus qui en conduisait deux en Pannonie, ce trio familial était des plus dangereux.

85. Voir aussi Tacite, *Histoires*, 1, 48.

86. Cnæus Domitius Afer était un des avocats les plus en vue de son siècle ; c'est en 26 qu'il avait accusé Claudia Pulchra, cousine d'Agrippine, d'impudeur et de maléfices envers le Prince. En 27 il recommença, cette fois contre le fils de Claudia Pulchra, Quintilius Varus.

87. Voir *Iliade* (1, 335) où Achille parle ainsi aux hérauts venus lui prendre Briséis. Voir aussi le sacrifice d'Iphigénie par Agamemnon, parallèle à celui de Claudia Pulchra par Tibère.

88. Sur les talents de Caligula, voir Suétone, 53 ; Tacite, *Annales*, 13, 3 ; Flavius Josèphe, 19, 2 ; la *Souda* qui prétend même que Caligula écrivit un traité sur l'art oratoire.

89. Cette histoire repose peut-être sur une mise en scène organisée par Domitius et Caligula, à une époque où le pouvoir se met en scène à tous les niveaux. Dans la mesure où Calliste est à la fois un ami de Domitius et Caligula, on sent le morceau de bravoure monté théâtralement de toutes pièces. Et Domitius devint consul immédiatement après, en 39.

90. Suétone, 26. Ce serait à l'occasion de son anniversaire, le 31 août, que Caligula destitua ainsi les consuls. Les deux nouveaux furent Domitius Afer et Aulus Didius Gallus, l'ex-responsable du plus considérable aqueduc de Rome ; deux personnes très capables mais de rang prétorien, sans lien avec les grandes familles sénatoriales.

91. Il mourut pauvre en exil à Athènes.

92. Tacite, *Histoires*, 4, 48 : il ne s'agit pas chez lui de Piso mais de Silanus (Dion, chap. 8).

93. Dion utilise le mot *Keltoi*, ce que les traducteurs interprètent traditionnellement par « les Germains », sachant bien que les Anciens ont très longtemps confondu les deux ; mais pour rester fidèle au texte, nous préférons garder le mot d'origine ; voir Suétone, *Calig.*, 43.

94. « Riche » ou « pauvre » ? les manuscrits divergent ; nous

préférons la première possibilité ; devant un Empereur réduit aux dernières nécessités, le peuple ne pouvait exposer sa propre richesse.

95. Dion Cassius a tendance à mélanger les épisodes ; l'expédition de Caligula en Germanie et en Gaule avait plusieurs objectifs : celui d'abord de réprimer la conjuration de Gætulicus, tout juste mentionnée en 22, 5, et se lancer dans une grande conquête, celle du nord, jusque dans l'île de Bretagne.

96. Il est à Lyon le 1er janvier 40 ; ces jeux ont évidemment une grande importance politique, puisqu'ils attirent les notables gaulois. Remarquons que les Gaulois, dépouillés ici par Caligula, l'avaient déjà été par César et Auguste : Caligula n'a rien fait de nouveau dans ce domaine.

97. Les Gaulois avaient la réputation d'être riches, et Caligula avait besoin de beaucoup d'argent pour ses projets militaires, créer de nouvelles unités et se lancer dans ses conquêtes qui lui donneraient une gloire militaire encore inexistante. Il leur a peut-être fait payer leur qualité de citoyen romain, ou une taxe sur les héritages, sans omettre bien sûr la possibilité d'actes de cruauté dont il était devenu très capable.

98. La conjuration de Gætulicus est ici fort tendancieusement rapportée, avec des faits apparemment sans lien les uns avec les autres. En réalité, cette conjuration semble bien avoir réuni à la fois Gætulicus et Lépide, ainsi que ses propres sœurs Agrippine et Julia. Gætulicus et Lépide furent décapités à la hache ; ses sœurs, convaincues d'adultère dans la correspondance des conjurés, furent bannies. Les trois poignards sont ceux qui devaient assassiner l'Empereur. Ce que Dion Cassius rapporte comme autant de caprices du Prince n'est donc que la démonstration de sa redoutable efficacité quand il s'agit de mettre fin à une opposition. Voir J. C. Faur, « La première conspiration contre Caligula », *Revue belge de philologie*, 51, 1973, p. 13-50.

99. Ce fut une fille, Julia Drusilla ; voir Suétone, 25 et 42. C'est cette Cæsonia que Juvénal (VI, 614-617) et Suétone (*Calig.*, 50, 6) accusent d'avoir usé d'un philtre magique pour rendre Caligula fou. La naissance et le mariage eurent peut-être lieu lors de son passage à Lyon.

100. Tigellin est celui qui deviendra sous Néron Préfet des cohortes prétoriennes et complice des débauches de l'Empereur (Tacite, *Annales*, 14, 51).

101. Ce sont donc les sénateurs eux-mêmes qui développent le culte impérial ; après une troisième ambassade envoyée en Gaule, Caligula écrivit au Sénat pour annoncer son retour à ceux qui le souhaitaient vraiment, c'est à dire les chevaliers et le peuple. C'est dire si la rupture était consommée entre le Prince et le Sénat (Suétone, *Calig.*, 49).

102. Juba II était le roi de Maurétanie qui avait épousé Séléné, fille d'Antoine et Cléopâtre, retrouvant ainsi grâce à Auguste le trône paternel (51, 15). Ptolémée, fils de Juba, était donc le cousin de Caligula ; il vivait d'ailleurs avec lui depuis 38. Peut-être se trouva-t-il compromis dans la conjuration de Gætulicus ; les motifs de son assassinat sont divers : cupidité de Caligula qui s'empara de sa fortune ? Jalousie à l'égard de son cousin ? Complot ? Rien n'est sûr. Sa mort sera la cause de soulèvements en Maurétanie, à l'instigation d'un certain Aédémon, affranchi de Ptolémée. Caligula devra réprimer militairement et très durement une insurrection en 40, et des troubles perdureront jusqu'en 44. La mort non justifiée de Ptolémée fut considérée comme un acte gratuit de cruauté.

103. Caligula était toujours basé à Lyon et, après son expédition en Germanie, il prépare l'invasion de la Bretagne. Au-delà de ce rapport fantaisiste et caricatural (= Suétone, 46), il faut souligner que depuis Jules César, conquérir le sud de la Bretagne est une façon d'achever la conquête de la Gaule ; mais devant le manque de préparation de ses troupes, il décida sagement de reporter l'invasion. C'est d'ailleurs son successeur, son oncle Claude, qui achèvera une entreprise qui était donc en elle-même tout à fait bien menée. Quant à l'anecdote des coquillages, pourquoi ne pas y voir encore cette volonté de dérision, ce cabotinage dont Caligula ne cessa de faire preuve ?

104. Il châtia surtout ceux qui avaient été impliqués dans le complot de Gætulicus. Il ne rentra pas directement à Rome, séjourna en Campanie, envoya lettre sur lettre au Sénat, imitant par là l'attitude de Tibère à la fin de sa vie. Son retour à Rome fut l'occasion de grandes fêtes, en particulier lors de son anniversaire le 31 août, la célébration de son *ovatio* et la présentation de sa fille de quelques mois, Julia Drusilla, née probablement en Gaule.

105. Caius Anicus Cerealis et Sextus Papinius sont, selon d'autres sources, deux jeunes gens issus de familles sénatoriales. Selon Dion, ce fut Papinius qui parla ; selon Tacite, le

donneur était Cerealis. On retrouve ce dernier consul sous Néron, preuve qu'il en réchappa. Betillinus Crassus était un questeur de Caligula, son représentant au Sénat, fils d'un chevalier. Caligula fit exécuter les deux sénateurs conjurés de nuit, à la fin d'un banquet, comme spectacle offert à ses convives.

106. Suétone, 28 ; le corps a peut-être été mutilé quand il a été exposé aux Gémonies, car on imagine mal cette curée en plein Sénat.

107. Suétone, 22. La divinisation de Caligula a suivi une certaine évolution : il se déguise d'abord en demi-dieu (Hercule, les Dioscures), puis en dieu de l'Olympe (Apollon, Mercure...), et pour finir, en Jupiter.

108. On rejoint là son goût pour le théâtre ; Philon d'Alexandrie qui le vit dans ces divers accoutrements montre bien sa passion pour les rôles qu'il eût aimé interpréter (*Legatio*, 78-98) ; il y a donc deux niveaux d'interprétation, son cabotinage théâtral, et son propre culte qu'il instaure étape après étape.

109. Vitellius se conduit comme devant un monarque oriental, ce qui ne saurait déplaire à Caligula.

110. Était-ce vraiment pour se l'approprier ou tout simplement pour l'achever et, ainsi, l'honorer ? Il était venu déjà à Milet avec Germanicus, son père, pendant son enfance ; sur ce temple, voir P. Heermann, « Ein Tempel für Caligula in Milet », *MDAI (I)*, XXXIX, 1989, p. 191-195.

111. *Flamen Dialis* ou « Jupiter Latiaris », si l'on préfère la leçon de Casaubon.

112. Claude en fut si démuni (Suétone, *Vie de Claude*, 9) que ses biens hypothéqués pour obtenir cette charge furent finalement vendus.

113. Une autre leçon (suivie par l'édition Loeb) lit « prostituées » (*pornas* et non *ornas*].

114. Ce sont les épouses et les filles de la *nobilitas* que Caius prostituait ainsi. Tous les auteurs sont à ce sujet unanimes : voir Philon d'Alexandrie, *Leg.*, 14, Flavius Josèphe, *Ant. Jud.*, 19, 201 : « esclave du plaisir » ; Eutrope, 7, 7 ; Orose, 7, 5, 1 ; Philostrate, *Apoll.*, 5, 32 : « il déchaîna ses bacchanales honteuses dans l'État romain tout entier. » Cette attitude délirante est due en partie à son tempérament certainement perturbé, mais au moins autant à sa fascination pour tout ce qui se rattache aux monarchies orientales, avec tous leurs

débordements, telles en tout cas qu'un Occidental les percevait.

115. Cette image d'un Caligula se roulant dans l'or correspond encore bien à sa passion pour l'Orient, ses monarchies (dont l'Égypte) où l'or avait une valeur sacramentelle ; voir J. Guey, « Les bains d'or de Caligula », *Bull. Soc. Franç. Numism.*, 31, 1976, p. 50.

116. Les impôts en question servaient tout autant aux constructions nouvelles (aqueduc et amphithéâtre) qu'aux caprices de Caligula, mais le peuple ne reconnaît plus le Prince qu'il a si bien accueilli au début de son règne ; que Caligula ait toujours réagi à leurs revendications avec brutalité ne fait aucun doute.

117. Ce Cassius Chæreas a vécu dans l'entourage de Caligula dès son enfance ; il était là lors de la révolte des légions de Germanie en 14 ; centurion mal aimé, il n'avait dû la vie sauve qu'à sa jeunesse et à sa fougue. Il fit partie ensuite de la garde prétorienne de Caligula et mourut en même temps que lui en 41.

118. Calliste est l'affranchi de Caius dont il a été question précédemment. Il ne figure pas parmi les meurtriers directs.

119. Tacite et Suétone le prénomment Lucius, Caius serait peut-être une erreur de copiste.

120. Cf. 56, 46 ce sont peut-être les jeux Palatins institués par Livie en l'honneur d'Auguste.

121. Caius Cæsar Germanicus fut assassiné à vingt-huit ans, le 24 janvier 41, par Cassius Chæreas et Cornelius Sabinus, mais aussi Marcus Arrecinus Clemens le Préfet du prétoire, l'affranchi Calliste et deux sénateurs, Valerius Asiaticus et Annius Vinicianus. Huit auteurs évoquent les faits : Suétone (*Calig.*, 58-59), Sénèque (*Const.*, 18, 3), Dion Cassius, Aurelius Victor (3), Josèphe (*Ant. Jud.*, 19, 1-2), Eutrope (7, 7), Zosime (*Hist.*, 1, 6, 2), Orose (*Hist.*, 6, 5, 9).

122. Il avait été consul en 35 ; il figurait parmi les proches compagnons de Caligula, avait obtenu de lui que sa ville natale, Vienne, devienne colonie romaine. Il connaissait sans doute le complot ; on dit que Caligula avait commis l'adultère avec la femme d'Asiaticus, le proclamant haut et fort alentour ; d'où, peut-être, la haine de l'ancien consul et son implication dans le meurtre.

Arbre généalogique simplifié
des Julio-Claudiens

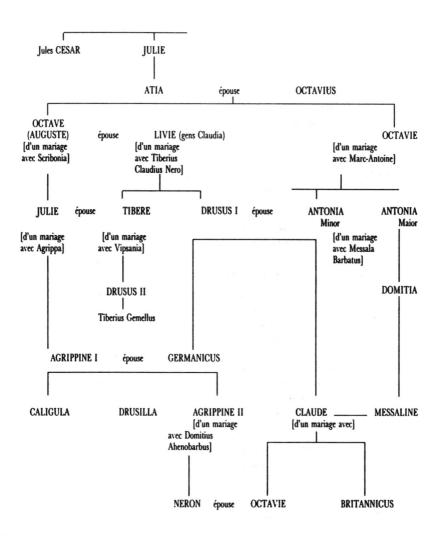

Extrait de : *Les douze Césars, du mythe à la réalité*, R. F. Martin, Paris, Les Belles Lettres, 1991.

BIBLIOGRAPHIE

Éditions

Cassii Dionis Cocceiani Romanæ Historiæ, Naples, 1747.

Cassii Dionis Historiæ Romanæ, éd. L. Dindorf, Leipzig, 1863.

Cassii Dionis Cocceiani Historiarum Romanarum quæ supersunt, éd. U.P. Boissevain, 1898.

Éditions avec traductions

Histoire romaine de Dion Cassius, E. Gros, Didot, Paris, 1865, 7 volumes.

Dio's Roman History, E. Cary, Londres et Harvard Univ. Press (Loeb Classical Library), 1924, réimpr. 1981, 7 volumes.

Römische Geschichte, IV. Bücher LI-LX, trad. par O. Veh, introd. par G. Wirth, Artemis Verlag, Zurich-Munich, 1987.

Histoire romaine de Dion Cassius, livres 50-51, Édition Les Belles Lettres (CUF), Paris, 1993. Texte établi, traduit et annoté par M.-L. Freyburger et J.-M. Roddaz.

Sur Dion Cassius

Monographies

Harrington J. D., *Cassius Dio, a reexamination*, Kentucky, 1970.

Kyhnitzsch F., *De contionibus quas Cassius Dio historiæ suæ intexit cum Thucydideis comparatis*, Leipzig, 1894.

Litsch E., *De Cassio Dione imitatore Thucydidis*, Fribourg, 1893.

Manuwald B., *Cassius Dio und Augustus*, Wiesbaden, 1979.

Millar F., *A Study of Cassius Dio*, Oxford, 1964.

Reimar H. S., *De vita et scriptis Cassii Dionis*, Hambourg, 1750.

Articles

Aalders G. J. D., « Cassius Dio and the Greek world », *Mnemosyne*, XXXIX, 1986, p. 282-304.

Barnes T. D., « The composition of Cassius Dio's roman history », *Phœnix*, XXXVIII, 1984, p. 240-255.

Berrigan J. R., « Cassius Dio's defence of democracy », *Class. Bull.*, XXIV, 1969, p. 42-45.

Eismann M., « Dio and Josephus, parallel analyses », *Latomus*, 36, 1977, p. 657-673.

Freyburger-Galland M. L., « Tacite et Dion Cassius », Présence de Tacite, *Cæsarodunum* XXVI *bis*, Tours, 1992, p. 127-139.

Gabba E., « Sulla storia romana di Cassio Dione », *R.S.I.*, 67, 1955, p. 289-333.

Id. « Storici greci dell'impero romano da Augusto ai Severi », *R.S.I.*, 71, 1959, p. 361-381.

Gowing A. M., « Dio's name », *Class. Phil.*, 85, 1990, p. 49-54.

Harrington D. J., « Cassius Dio as a military historian », *Acta Class.*, XX, 1977, p. 159-165.

Letta C., « La composizione dell'opera di Cassio Dione », *Ricerche di storiografia greca di eta romano*, I, 1979, p. 117-189.

Puiggalli J., « Les démons dans l'histoire romaine de Dion Cassius », *Latomus*, 43, 1984, p. 876-883.

Reinhold G., « In praise of Cassius Dio », *Ant. Class.*, LV, 1986, p. 213-222.

Stuart J., « The attitude of Dio Cassius toward epigraphic sources », *Univ. of Michigan Studies*, I, 1904, p. 101-147.

Vrind G., « De Cassii Dionis historiis », *Mnemosyne*, LVI, 1926, p. 321-347.

Sur Tibère

Sources anciennes : Tacite, *Annales* (1-6, mais lacunes sur les années 29, 30 et 31) ; Velleius Paterculus (*Histoire romaine*, 1-2), Suétone (*Vie de Tibère*, dans les *Vies des douze Césars*), et des anecdotes chez Sénèque, Pline l'Ancien ou Flavius Josèphe.

Monographies : G. Maranon, *Tibère, une étude sur le ressentiment*, Paris, 1941 ; V. Ehrenberg, *Documents illustrating the Reigns of Augustus and Tiberius*, Oxford, Clarendon Press, 1949 ; W. Gollub, *Tibère*, Paris, 1961 ; E. Kornemann, *Tibère*, Paris, 1962 ; R. Seager, *Tiberius*, Londres, 1972 ; C. Salles, *Tibère, le second César*, Paris, 1985 ; B. Levick, *Tiberius the Politician*, Londres, 1976 (bonne bibliographie) ; L. Storoni Mazzolani, *Tibère ou la spirale du pouvoir*, Paris, 1986 ; Z. Yavetz, *La Plèbe et le Prince : foule et vie politique sous le Haut-Empire romain*, Paris, 1984 ; R. F. Martin, *Les douze Césars, du mythe à la réalité*, Paris, 1991.

Articles : J. H. Thiel, « Kaiser Tiberius, ein Beitrag zum Verständnis seiner Persönlichkeit », *Mnemosyne*, III, série 2, 1935, p. 245-270 ; série 3, 1935-1936, p. 217-218 ; série 4, 1936-1937, p. 17-42 ; M. L. Paladini, « A proposito del ritirio di Tiberio a Rodi et della sua posizione prima dell'accessione all'imperio », *Nuova Rivista Storica*, 41, 1957, p. 1-32 ; G. Alfödy, « La politique provinciale de Tibère », *Latomus*, XXIV, 1965, p. 824-844 ; D. C. A. Shotter, « Some remarks on Tacitus, Annals I », *Mnemosyne*, XVIII, 1965, p. 359-361 ; L. J. Wankenne, « Un mal-aimé de l'histoire : Tibère, successeur d'Auguste », *Humanités chrétiennes*, 15, mai-juin 1972, p. 393-409 ; E. Badian, « The Quæstorship of Tiberius Nero », *Mnemosyne*, XXVII, 1974, p. 160-172.

Sur Caligula

Sources anciennes : Sénèque (*Des Bienfaits, De la Clémence, De la Colère, Consolations, Lettres à Lucilius*), Pline l'Ancien (*Histoire naturelle*), Suétone (*Vie des douze Césars*), Tacite ; Philon d'Alexandrie (*Legatio ad Gaium, L'Ambassade à Caligula*), Flavius Josèphe (*Antiquités Juives*), Dion Cassius, dans les Collections des Universités de France (Les Belles Lettres, Paris), Sources chrétiennes (Le Cerf, Paris), Loeb Classical Library (Londres et Harvard University Press, U.S.A.)

Inscriptions et monnaies : E. M. Smallwood, *Documents illustrating the principates of Gaius, Claudius and Nero*, Cambridge, 1967, sans oublier H. Dessau, *Inscriptiones Latinæ Selectæ*, 3ᵉ éd., Berlin, 1962, et les compléments récents de *L'Année épigraphique*, Paris,

P.U.F ; S.H.V. Sutherland, *The Roman Imperial Coinage*, vol. I, 31 BC-AD 69, Londres, 1984.

Monographies : L. Quidde, *Caligula, eine Studie über römischen Cäsarenwahnsinn*, Leipzig, 1894 ; H. Sachs, *Bubi oder die Geschichte des Caligula*, Berlin, 1930 ; J. P. V. D. Baldson, *The Emperor Gaius*, Oxford, 1964 ; E. Meise, *Untersuchungen zur Geschichte der Julisch-Claudischen Dynastie*, Munich, 1969 ; R. Auguet, *Caligula ou le pouvoir à vingt ans*, Paris, 1984 ; D. Nony, *Caligula*, Paris, 1986.

Articles : à consulter *L'Année Philologique. Bulletin critique et analytique de l'Antiquité gréco-latine*, Paris (depuis 1927), on se rend compte que chaque année paraissent six ou sept articles sur Caligula. Parmi eux, citons :
A. T. Sandison, « The Madness of the Emperor Caligula », *Medical History*, 2, Londres, 1958 ; J. C. Faur, « Un nouveau visage de Caligula », *Acta Archeologica*, 42, 1971, p. 35-42 ; V. Massaro et I. Montgomery, « Gaius : mad, bad, ill or all three ? », *Latomus*, 37, 1978, p. 894-909 ; J. Pigeaud, « Caligula, l'empereur fou », *L'Histoire*, n° 73, décembre 1984, p. 26-30.

INDEX DES NOMS DE PERSONNES

(Dans la mesure où les livres 57-58 et 59 relatent les vies de Tibère et Caligula, nous n'avons pas recensé les passages les concernant ; ils interviennent tout au long des trois livres. Pour faciliter la consultation de cet index, les personnages sont cités comme ils apparaissent dans le texte.)

Table des matières

LA ROUE À LIVRES

DÉJÀ PARUS

Ce volume
le vingt-cinquième
de la collection « La Roue à livres »
publié aux Éditions Les Belles Lettres
a été composé
par Euronumérique
et achevé d'imprimer
en 1995
dans les ateliers
de l'imprimerie Normandie Roto Impression s.a.
61250 Lonrai

N° d'imprimeur : 14-2358
N° d'éditeur : 3181
Dépôt légal : 1994